YONSEI KOREAN IN 3 WEEKS

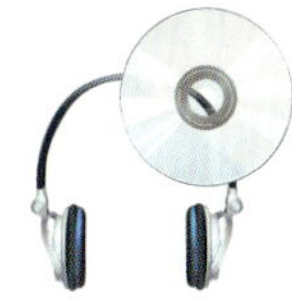

Free CD
MP3

3주완성 연세 한국어 2

연세대학교 한국어학당 편

연세대학교 출판문화원

3주완성 연세 한국어 2

편저자 연세대학교 한국어학당 교재편찬위원회
집필진 손성희 · 이진숙 · 박연경 · 오지영 · 김소연 · 정지은
펴낸곳 연세대학교 출판문화원

주소 서울시 서대문구 연세로 50 **등록** 1955년 10월 13일 제9-60호
전화 02) 2123-3378~80 **팩스** 02) 2123-8673
전자우편 ysup@yonsei.ac.kr **웹사이트** http://press.yonsei.ac.kr

내지디자인 PAGE M (한충명) **조판** PAGE M (유인목) **삽화** PAGE M (김영주)
녹음 MS미디어 **성우** 김상백, 김태현 **인쇄** 네오프린텍(주)

2013년 6월 28일 1판 1쇄 2024년 8월 19일 1판 9쇄

ISBN 978-89-6850-038-1(08710)
978-89-6850-036-7(세트)
값 30,000원 (CD포함)

머리말

50년 이상을 한국어 교육에 매진해 온 연세대학교 한국어학당은 국내 최고의 역사와 명성에 걸맞게 그동안 다양한 한국어 교재 편찬과 관련 연구를 해 옴으로써 한국어 교육을 선도해 왔다.

특히 최근에는 주춤했던 한류가 아시아 지역을 벗어나 미주, 유럽에 이르기까지 전 세계로 확산되면서 한국과 한국 문화가 세계로 전파되고 이에 따라 한국어에 대한 관심과 수요도 늘어나고 있다. 예전에 해외 동포나 일부 외국인을 중심으로 이루어져 왔던 한국어 교육이 이제는 다양한 목적과 요구를 지닌 학습자들을 대상으로 확대 추세에 있으며 교재에 대한 수요도 이와 함께 다양해지고 있다.

연세대학교 한국어학당은 그동안 일반 목적의 한국어 학습자뿐만 아니라 직업 목적의 학습자, 학문 목적의 학습자. 해외 동포 자녀 등 다양한 대상의 목적과 수요에 맞춘 교재를 지속적으로 개발, 출간해 왔다. 이번에 출판하는 '3주완성 연세 한국어 2'는 60시간용 교재로 단기간에 한국어를 배우려는 학습자를 대상으로 만든 교재이다. 따라서 외국인들이 흥미를 가지고 있는 주제를 중심으로 필수적인 어휘와 문법, 문화와 사고방식을 소개함으로써 한국어와 한국에 대한 이해를 넓히고자 하였다. 특히 이 교재는 어휘력과 문법이해력 및 말하기, 듣기, 쓰기, 읽기 영역을 균형 있게 향상시킬 수 있도록 다양한 과제를 포함시킴으로써 학습 효과를 높이고자 하였다.

언어 교육은 목표어를 통한 의사소통 능력의 향상과 함께 목표 언어의 사회와 문화를 이해시키는 데 그 목적이 있다. 이 교재는 짧은 기간에 한국어를 배우고 한국 문화를 알고자 하는 학습자들에게 많은 도움이 될 것으로 확신하며 한국어 교재 발전에도 큰 몫을 담당하리라고 본다.

'3주완성 연세 한국어 2'가 연세대학교 언어연구교육원 한국어학당에서 학습하는 학습자들뿐만 아니라 국내, 국외에서 단기간에 한국어와 한국문화를 배우고자 하는 모든 학습자들에게 크게 도움이 되기를 바라며 연세대학교 언어연구교육원 한국어학당 교재편찬 위원회는 앞으로도 학습자들의 요구와 기대에 부응하는 교재 개발을 위해 최선을 다할 것이다.

연세대학교 언어연구교육원
한국어학당 교재편찬위원회

일러두기

- '3주완성 연세 한국어 2'는 단기간에 한국어를 배우려는 외국인 및 교포 학습자를 위한 초급 단계의 책으로 초급 단계에서 꼭 알아야 할 주제를 중심으로 썼으며 이와 함께 필수적인 어휘와 문법, 문화와 사고방식을 소개함으로써 한국에 대한 이해를 넓히고자 하였다.

- '3주완성 연세 한국어 2'는 5명의 주요 인물들이 등장하며 이들 등장인물들의 일상생활을 중심으로 본문의 대화 내용을 15개 과로 구성하였다.

- 본 교재는 단원명, 학습 목표, 삽화와 도입 질문, 대화, 발음, 어휘, 문법 , 과제, 문화로 구성되어 있다.

- 각 단원의 제목은 본문 대화 내용 중의 주요 문장으로 제시하였다.

- 각 단원의 목표는 해당 단원에서 학습해야 할 의사소통 기능과 과제를 중심으로 제시하여 학습자들의 학습 동기를 유발하고 단원에 대한 이해를 촉진시키는 데 도움이 되도록 했다.

- 본문 대화는 각 과의 주제와 관련된 가장 전형적이고 대표적인 대화 상황을 설정하고자 노력하였으며 4~6개의 문장, 2쌍~3쌍의 대화로 구성하였다. 대화 앞에는 주제와 관련된 삽화와 질문을 넣어 학습자들이 대화 내용을 흥미있게 접할 수 있도록 유도하였다.

- 대화에서 주의해야 할 발음은 따로 제시하여 정확한 발음을 연습할 수 있도록 했다.

- 본문 대화 내용을 영어, 일본어, 중국어로 제시하여 학습자가 대화의 맥락이나 상황 및 내용을 쉽게 이해할 수 있도록 도왔다.

- 어휘는 각 단원의 주제별로 꼭 알아야 할 어휘를 선정하여 제시하였으며 관련 삽화를 함께 제시하여 의미를 이해하기 쉽게 하였다. '3주완성 연세 한국어 2'에서 제시한 단어는 276개이다.

- 문법은 각 단원의 대화에 제시된 주요한 문법이나 문형의 의미와 용법을 학습자의 모국어로 설명하고 이어서 한국어와 학습자 모국어로 번역된 예문을 제시하였다. 문법 제시 이후에는 연습 문제를 덧붙여 공부한 내용을 학습자가 점검해 보도록 하였다.

- 과제는 학습 목표에서 제시한 의사소통 기능에 부합되는 것으로 각 단원마다 3개 씩 제시하였다. 과제는 말하기, 듣기, 읽기, 쓰기의 네 기능을 적절히 수행하도록 제시하였으며 초급 과정에서 요구되는 말하기와 듣기의 비중을 높게 구성하였다.

- 문화는 단원의 주제와 관련하여 한국어를 이해하는 데 도움이 되는 경우에 문화 내용 설명, 사진, 그림 등을 통해 제시하였다.

- 부록으로 번역, 문법 활용연습, 듣기 지문, 모범 답안과 색인을 두어 학습자가 해당 단원의 내용을 확인할 수 있도록 하였고 아울러 목표 문법을 자습할 수 있도록 하였다.

- 모범 답안은 어휘와 문법 연습의 모범 답안을 제시하였으며 필요한 경우 과제의 모범 답안도 예시했다.

- 어휘와 문법 색인에서는 각 단원에서 다루어진 본문의 새 어휘, 주제와 관련된 어휘와 주요 문법을 각각 가나다 순으로 정리하여 제시하였다.

내용구성

과	제목	과제	어휘	문법
1	저는 회사원입니다	과제1 직업 말하기 과제2 자기소개 듣고 말하기 과제3 자기소개 읽고 쓰기	직업 관련 어휘	-입니다, -입니까? -습니다, -습니까?
2	집에서 학교까지 얼마나 걸려요?	과제1 학교에 오는 방법 말하기 과제2 교통 이야기 듣고 말하기 과제3 교통 이야기 읽고 쓰기	교통수단 관련 어휘	으로 에서 ~까지
3	저기 백화점 앞에서 세워 주세요	과제1 택시 타고 목적지 말하기 과제2 물건의 위치 읽고 쓰기 과제3 택시 안 대화 듣기	위치 관련 어휘	-읍시다 -어 주다
4	비가 오고 바람도 불어요	과제1 날씨 말하기 과제2 계절 이야기 읽고 쓰기 과제3 날씨 이야기 듣고 말하기	날씨 관련 어휘	-고[1] 보다
5	맵지만 맛있어요	과제1 좋아하는 음식 말하기 과제2 좋아하는 음식 읽고 말하기 과제3 유명한 고향 음식 듣고 쓰기	맛 관련 어휘	-어서[1] -지만
6	여기에서 드시겠어요?	과제1 다양한 음식 주문하기 과제2 메뉴를 읽고 쓰기 과제3 주문하는 이야기 듣고 말하기	존대어	-으시- -겠-
7	이따가 같이 사러 갑시다	과제1 파티 준비하기 과제2 생일 이야기 읽고 쓰기 과제3 생일 이야기 듣고 말하기	생일 관련 어휘	-을까요?, -으십시오 -으러

과	제목	과제	어휘	문법
8	저는 일주일에 두 번쯤 수영을 해요	과제1 즐겨 하는 운동 말하기 과제2 좋아하는 운동 읽고 쓰기 과제3 고향 사람들이 좋아하는 운동 듣고 말하기	운동 관련 어휘	-고[2] 에 ~쯤
9	숙제도 하고 음악도 들었어요	과제1 어제 한 일 말하기 과제2 어제 한 일 듣고 말하기 과제3 일기 읽고 쓰기	일상생활 관련 어휘	-었- ㄷ 동사
10	이것보다 긴 바지는 없어요?	과제1 가게에서 원하는 물건 사기 과제2 쇼핑한 이야기 읽고 쓰기 과제3 물건 사는 이야기 읽고 듣기	형용사	-은 ㄹ 동사
11	동생에게 줄 지갑을 샀어요	과제1 쇼핑한 경험 말하기 과제2 쇼핑한 이야기 읽고 쓰기 과제3 쇼핑한 장소 이야기 듣고 말하기	색깔 관련 어휘	ㅎ 동사 -는, -은, -을
12	친구를 만나서 무엇을 했어요?	과제1 주말 이야기 말하기 과제2 주말 이야기 듣고 쓰기 과제3 주말 여행 이야기 읽고 말하기	주말 활동 관련 어휘	-어서[2] 만
13	볼링장은 너무 머니까 가지 맙시다	과제1 모임 장소 제안하기 과제2 모임 장소 읽고 쓰기 과제3 모임 장소 이야기 듣고 말하기	장소 관련 어휘	-으니까 -지 말다
14	지금 통화할 수 있어요?	과제1 전화번호 묻기 과제2 전화 이야기 읽고 쓰기 과제3 전화 이야기 듣고 말하기	통화 관련 어휘	-지요? -을 수 있다
15	3주 동안 정말 즐거웠습니다	과제1 한국 생활 이야기하기 과제2 한국 생활 이야기 듣고 말하기 과제3 소감 읽고 반 친구들에게 편지 쓰기	감정 관련 어휘	동안 못

차례

주요 인물

유리
일본 사람
대학생

샤오밍
중국 사람
회사원

영주
한국 사람
대학생

마이클
미국 사람
대학원생

슈테판
독일 사람
회사원

제 1 과

저는 회사원입니다

• **학습 목표**	자기소개를 할 수 있다.
• **어휘**	회사, 다니다 직업 관련 어휘
• **문법**	-입니다, -입니까? -습니다, -습니까?
• **과제**	직업 말하기 자기소개 듣고 말하기 자기소개 읽고 쓰기

1 사람들이 무엇을 합니까?

2 여러분은 어떻게 인사합니까?

CD 01-1,2

회사
EN company
JP 会社
CH 公司

다니다
EN to commute / to attend
JP 通う / 勤める
CH 上(班/学校)

유 리 안녕하십니까? 저는 유리입니다.

샤오밍 안녕하세요? 제 이름은 샤오밍이에요.

유 리 샤오밍 씨는 무슨 일을 합니까?

샤오밍 저는 회사원입니다. 한국 회사에 다녀요.

안녕하십니까
[안녕하심니까]

어휘

학생
EN student
JP 学生
CH 学生

선생님
EN teacher
JP 先生
CH 老师

회사원
EN company worker
JP 会社員
CH 公司职员

은행원
EN bank employee
JP 銀行員
CH 银行职员

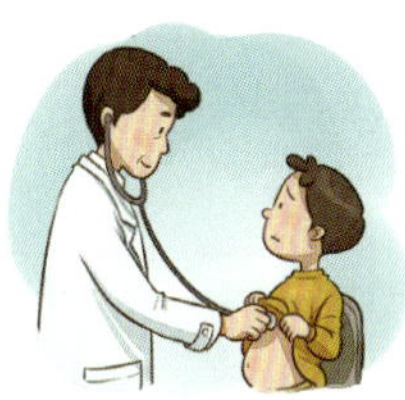

의사
EN doctor
JP 医師
CH 医生

가수
EN singer
JP 歌手
CH 歌手

배우
EN actor
JP 俳優
CH 演员

운동선수
EN athlete
JP スポーツ選手
CH 运动员

연결하십시오.

 • 가수

 • 의사

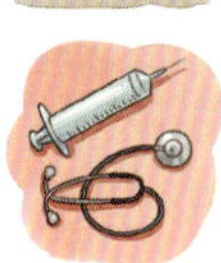 • 배우

 • 학생

 • 회사원

• 운동선수

문법

1 -입니다, -입니까?

- 저는 샤오밍입니다.
- 샤오밍 씨는 중국 사람입니다.
- 이것이 무엇입니까?
- 오늘은 무슨 요일입니까?

이것이 무엇입니까? 보기 와 같이 이야기하십시오.

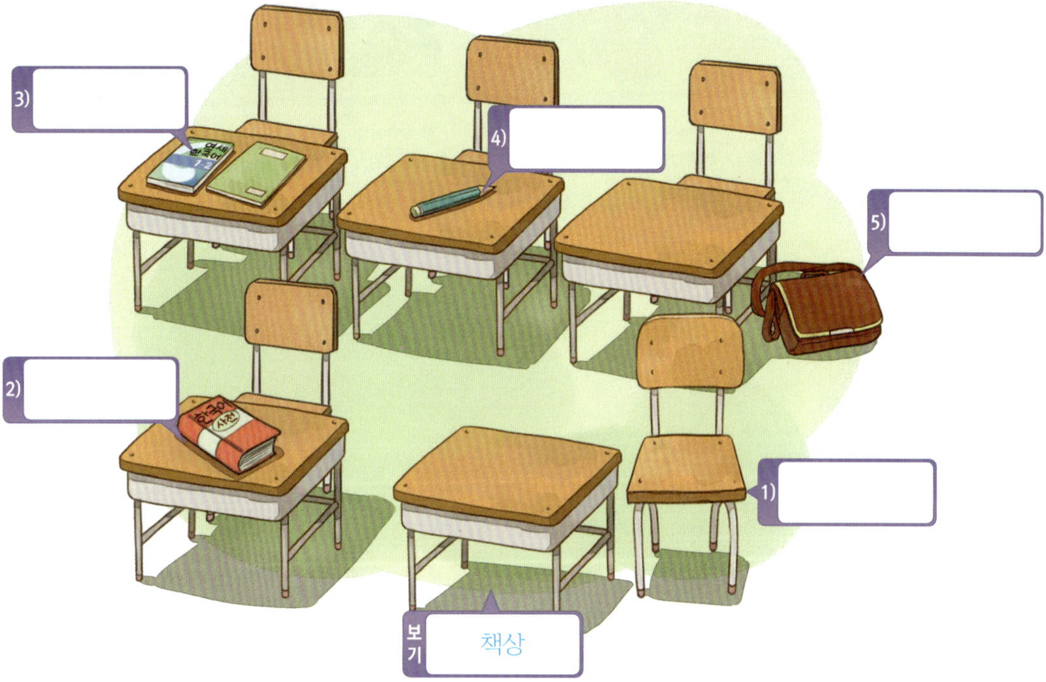

보기 책상입니다.

1) ______________________.

2) ______________________.

3) ______________________.

4) ______________________.

5) ______________________.

2 -습니다/ㅂ니다, -습니까?/ㅂ니까?

- 공원이 깨끗합니다.
- 만나서 반갑습니다.
- 누구를 만납니까?
- 책이 어디에 있습니까?

사람들이 무엇을 합니까? 보기 와 같이 이야기하십시오.

보기		유리 씨는 책을 읽습니다.	1)		슈테판 씨는 ______.
2)		샤오밍 씨는 ______.	3)		영주 씨는 ______.
4)		마이클 씨는 ______.	5)		민수 씨는 ______.

과제 1 말하기

01 보기 와 같이 이야기하십시오.

> **보기**
>
> **유　리:** 처음 뵙겠습니다. 저는 유리입니다.
>
> **사이먼:** 안녕하세요? 저는 사이먼입니다.
>
> **유　리:** 사이먼 씨는 무슨 일을 합니까?
>
> **사이먼:** 저는 은행에 다닙니다.
>
> **유　리:** 저는 대학생입니다. 반갑습니다.

	이름: **유키** 학교: **게이유 대학교**
	이름: **마이클** 학교: **연세대학교 대학원**
	이름: **웨이** 직업: **운동선수**
나 	이름: ____________ 직업: ____________

처음 EN first JP 初めて CH 初次
뵙다 EN to meet (honorific) JP お目にかかる(はじめまして) CH 见(敬语)
대학생 EN college student JP 大学生 CH 大学生
대학원 EN graduate school JP 大学院 CH 研究生院
직업 EN job / occupation JP 職業 CH 职业

과제 2 듣고 말하기

CD 01-3

01

다음을 듣고 맞으면 O, 틀리면 X 하십시오.

1) 유리 씨는 일본 사람입니다. (　　)

2) 두 사람은 오늘 처음 만납니다. (　　)

CD 01-4

02

1) 샤오밍 씨는 회사원입니다. (　　)

2) 리에 씨는 중국어 선생님입니다. (　　)

CD 01-5

03

다음을 듣고 질문에 대답하십시오.

1) 미선 씨는 어디에서 일합니까? (　　)

❶ 은행　❷ 회사　❸ 병원　❹ 학교

2) 마이클 씨는 무엇을 공부합니까?

____

04

친구들과 이야기하십시오.

	보기	친구 1	친구 2
이름이 무엇입니까?	슈테판		
어느 나라 사람입니까?	독일		
무슨 일을 합니까?	회사원		

과제 3 읽고 쓰기

01 읽고 질문에 대답하십시오.

안녕하십니까?

제 이름은 슈테판입니다.

저는 독일에서 왔습니다.

어머니는 한국 사람입니다.

어머니는 독일에서 한국어를 가르칩니다.

저는 회사원입니다.

컴퓨터 회사에 다닙니다.

저는 연세대학교에서 한국말을 배웁니다.

한국말을 잘 하고 싶습니다.

한국말 EN Korean language JP 韓国語 CH 韩语

잘 EN well JP 上手に CH 好好地

1) 슈테판 씨는 어느 나라 사람입니까? (　　　)

❶ 미국 사람　　❷ 일본 사람　　❸ 중국 사람　　❹ 독일 사람

2) 맞으면 O, 틀리면 X 하십시오.

❶ 슈테판 씨는 은행원입니다. (　　　)
❷ 슈테판 씨 어머니는 한국 사람입니다. (　　　)
❸ 슈테판 씨는 연세대학교에서 컴퓨터를 배웁니다. (　　　)

02 **자기소개를 쓰십시오.**

제 이름은 ______________________ 입니다.

제2과

집에서 학교까지 얼마나 걸려요?

- **학습 목표** 목적지에 가는 방법과 걸리는 시간을 말할 수 있다.
- **어휘** 날마다, 어떻게, 얼마나, 시간, 걸리다
  교통수단 관련 어휘
- **문법** 으로
  에서 ~까지
- **과제** 학교에 오는 방법 말하기
  교통 이야기 듣고 말하기
  교통 이야기 읽고 쓰기

1 여러분은 학교에 어떻게 옵니까?

2 여러분은 무엇을 많이 탑니까?

CD 02-1,2

유　리　날마다 학교에 어떻게 와요?

슈테판　저는 버스로 와요.

유　리　집에서 학교까지 얼마나 걸려요?

슈테판　한 시간쯤 걸려요.

어떻게 [어떠케]

날마다
EN every day
JP 毎日
CH 每天

어떻게
EN how
JP どうやって
CH 怎么

얼마나
EN how much / how many
JP どのくらい
CH 多少、多么

시간
EN hour / time
JP 時間
CH 小时、时间

걸리다
EN to take
JP かかる
CH 需要、花

어휘

버스
EN bus
JP バス
CH 公共汽车

지하철
EN subway
JP 地下鉄
CH 地铁

택시
EN taxi
JP タクシー
CH 的士

배
EN boat
JP 船
CH 船

비행기
EN airplane
JP 飛行機
CH 飞机

기차
EN train
JP 汽車
CH 火车

자전거
EN bicycle
JP 自転車
CH 自行车

보기 와 같이 쓰십시오.

보기 지하철을 탑니다.

1) ____________________

2) ____________________

3) ____________________

4) ____________________

5) ____________________

문법

1 으로/로

- 이 버스는 남산으로 갑니다.
- 저는 학교에 버스로 옵니다.
- 한국 음식은 수저로 먹습니다.
- 교실에서 한국말로 이야기하세요.

보기 에서 알맞은 단어를 골라서 이야기를 완성하십시오.

한국말　일본말　일본　비행기　버스　지하철

저는 리에입니다.

날마다 학교에 보기 지하철로으로/로 옵니다.

학교에 여러 나라 친구들이 많습니다.

교실에서 친구들과 1) ____________________으로/로 이야기합니다.

2) ____________________으로/로 이야기하지 않습니다.

1시에 점심을 먹습니다. 그리고 명동에 갑니다.

3) ____________________으로/로 갑니다.

명동에서 아르바이트를 합니다.

저는 4월에 4) ____________________으로/로 갑니다.

5) ____________________으로/로 갑니다.

2 에서 ~까지

- 지하철역에서 집까지 얼마나 걸립니까?
- 광화문에서 명동까지 택시로 15분쯤 걸립니다.
- 이 건물은 2층에서 5층까지 사무실입니다.
- 12시에서 1시까지 점심시간입니다.

보기 와 같이 이야기하십시오.

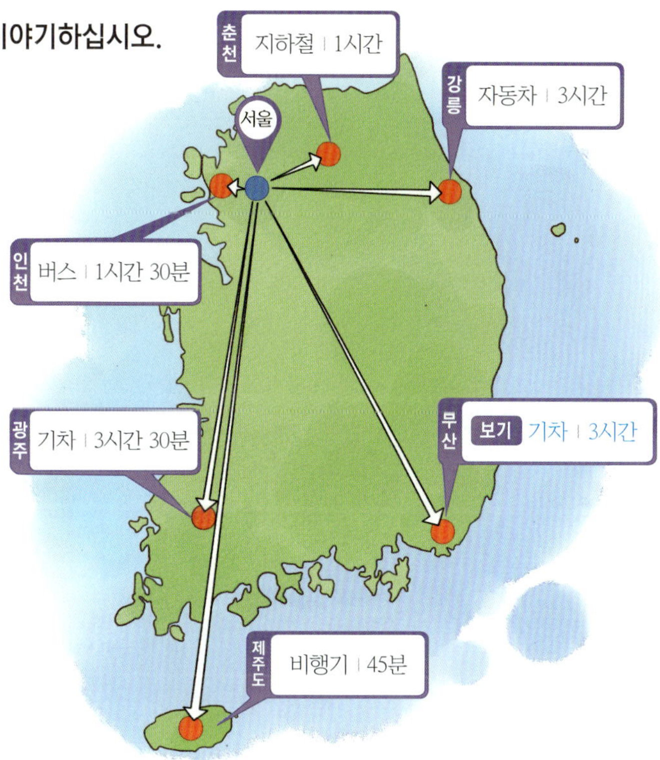

보기 부산	서울에서 부산까지 기차로 3시간 걸려요.
1) 인천	
2) 춘천	
3) 강릉	
4) 광주	
5) 제주도	

과제 1 말하기

01 **보기** 와 같이 이야기하십시오.

보기

마이클: 리에 씨, 어디에 살아요?
리　에: 저는 강남에 살아요.
마이클: 날마다 학교에 어떻게 와요?
리　에: 지하철로 와요.
마이클: 집에서 학교까지 얼마나 걸려요?
리　에: 40분쯤 걸려요.

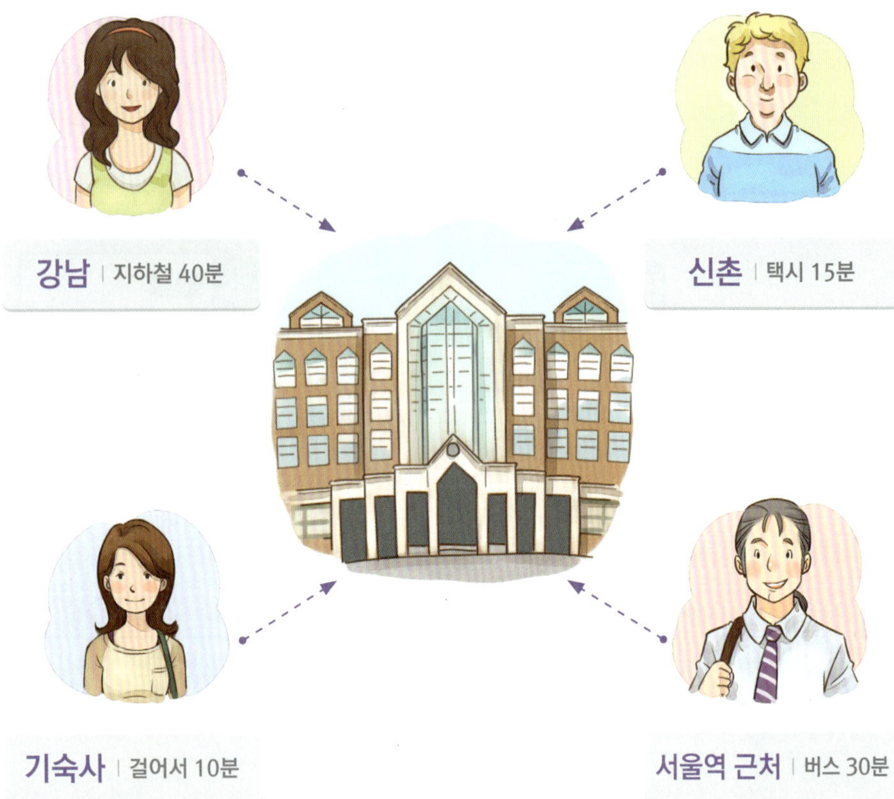

살다 EN to live JP 住む CH 住
신촌 EN Shinchon JP 新村 CH 新村(地名)
걷다(걸어서) EN to walk (on foot) JP 歩く(歩いて) CH 走(走着)
강남 EN Gangnam JP 江南 CH 江南(地名)
기숙사 EN domintory JP 寄宿舎 CH 宿舍
서울역 EN Seoul Station JP ソウル駅 CH 首尔站

과제 2 듣고 말하기

CD 02-3

01 다음을 듣고 표를 채우십시오.

	마이클	리에
어디에 살아요?	서울역 근처	
어떻게 학교에 와요?		

CD 02-4

02 다음을 듣고 질문에 대답하십시오.

1) 슈테판 씨는 어디에 갑니까? ____________________

2) 슈테판 씨는 무엇을 탑니까? (　　　)

❶ 버스　　❷ 택시　　❸ 지하철　　❹ 자전거

3) 마리아 씨는 어디에 갑니까? ____________________

4) 마리아 씨는 무엇을 탑니까? (　　　)

❶ 버스　　❷ 택시　　❸ 지하철　　❹ 자전거

03 친구와 이야기하십시오.

	보기	친구 1	친구 2
어디에 가고 싶습니까?	명동		
어떻게 갑니까?	버스		
얼마나 걸립니까?	20분		

지금 EN now JP 今 CH 現在

과제 3 읽고 쓰기

01 읽고 질문에 대답하십시오.

친구가 오늘 고향에서 옵니다.

친구는 비행기로 옵니다.

저는 공항에 갑니다.

집에서 버스 정류장까지 걸어서 10분 걸립니다.

750번 버스를 탑니다.

서울역까지 버스로 15분 걸립니다.

서울역에서 공항철도를 탑니다.

공항철도가 빠릅니다.

서울역에서 공항까지 한 시간쯤 걸립니다.

친구를 빨리 만나고 싶습니다.

공항 EN airport JP 空港 CH 机场
공항철도 EN airport railway JP 空港鉄道 CH 机场专线
빨리 EN quickly JP 早く CH 快(副词)
정류장 EN station / stop JP 停留所 CH 车站
빠르다 EN to be fast JP 速い CH 快

1) 집에서 공항까지 어떻게 갑니까?

집	→ ❶	→ ❷	→ 공항
	걸어서	❸	❹
	❺	15분	❻

2) 맞으면 O, 틀리면 X 하십시오.

❶ 친구가 오늘 고향에 갑니다. (　　)

❷ 집에서 공항까지 1시간쯤 걸립니다. (　　)

❸ 이 사람은 서울역에서 공항철도를 탑니다. (　　)

02 여러분은 어디에 가고 싶습니까? 보기 와 같이 쓰십시오.

보기

저는 제주도에 가고 싶습니다. 제주도는 비행기로 갑니다. 비행기로 한 시간쯤 걸립니다.

저는 ____________________

____

____

____

문화

• 노약자석

한국에는 버스와 지하철에 노약자석이 있다. 나이가 많은 사람, 몸이 불편한 사람, 임신을 한 사람 등이 앉을 수 있다.

제3과

저기 백화점 앞에서 세워 주세요

- **학습 목표** 목적지의 위치를 말할 수 있다.
- **어휘** 기사, 내리다, 앞, 세우다
  위치 관련 어휘
- **문법** -읍시다
  -어 주다
- **과제** 택시 타고 목적지 말하기
  물건의 위치 읽고 쓰기
  택시 안 대화 듣기

1 여러분은 언제 택시를 탑니까?

2 여러분 나라의 택시는 어떻습니까?

CD 03-1,2

기 사 어디로 가세요?

슈테판 명동으로 갑시다.

(명동에서)

기 사 어디에서 내려요?

슈테판 저기 백화점 앞에서 세워 주세요.

기사
EN driver
JP 運転手
CH 司机

내리다
EN to get off
JP 降りる
CH 下

앞
EN in front of
JP 前
CH 前

세우다
EN to stop
JP 止める
CH 停

백화점 [배콰점]

어휘

앞
EN in front of
JP 前
CH 前

뒤
EN behind
JP 後ろ
CH 后

위
EN above
JP 上
CH 上

옆
EN beside
JP 横
CH 旁边

아래
EN below
JP 下
CH 下

안
EN in
JP 中
CH 里、内

밖
EN out
JP 外
CH 外

어디에 있습니까? 보기 와 같이 이야기하십시오.

보기  책상 위에 책이 있습니다.

1)  ______________________

2)  ______________________

3) 

____

4)  ______________________

5)  ______________________

문법

1 -읍시다/ㅂ시다

- 백화점에 갑시다.
- 비빔밥을 먹읍시다.
- 극장에서 영화를 봅시다.
- 도서관 앞에서 만납시다.

어디에 갈까요? 거기에서 무엇을 할까요? 보기 와 같이 이야기하십시오.

보기 커피숍에 갑시다. / 커피를 마십시다.

1) ______________________________.

2) ______________________________.

3) ______________________________.

4) ______________________________.

5) ______________________________.

2 -어/아/여 주다

- 구두 좀 보여 주세요.
- 사전을 빌려 주세요.
- 사진을 찍어 주십시오.
- 다시 한 번 설명해 주십시오.

여기는 교실입니다. 보기 와 같이 이야기하십시오.

기다리다　　앉다　　가르치다　　쓰다　　읽다　　오다

보기 기다려 주십시오.

1) ______________.　　2) ______________.

3) ______________.　　4) ______________.

5) ______________.

과제 1 말하기

01 보기 와 같이 이야기하십시오.

보기

기사: 어디로 가세요?

영주: 인사동으로 갑시다. 얼마나 걸려요?

기사: 20분쯤 걸립니다.

(인사동에서)

기사: 어디에서 내려요?

영주: 저기 서점 앞에서 세워 주세요.

시청/호텔 앞

서울역/은행 앞

압구정동/백화점

잠실/놀이공원 앞

인사동 EN Insadong JP 仁寺洞 CH 仁寺洞
호텔 EN hotel JP ホテル CH 宾馆
잠실 EN Jamshil JP 蚕室 CH 蚕室(地名)
시청 EN City Hall JP 市庁 CH 市政府
압구정동 EN Apgujungdong JP 押鴎亭洞 CH 狎鸥亭洞
놀이공원 EN amusement park JP 遊園地 CH 游乐园

과제 2 읽고 쓰기

01 읽고 질문에 대답하십시오.

여기는 제 방입니다.

방 안에 침대하고 책상하고 옷장이 있습니다.

침대 위에 가방이 있습니다.

냉장고는 침대 옆에 있습니다.

제 책상 위에 컴퓨터하고 교과서가 있습니다.

창문 옆에 시계가 있습니다.

문 옆에 옷장이 있습니다.

옷장 안에 옷이 많습니다.

침대 EN bed JP ベッド CH 床
냉장고 EN refrigerator JP 冷蔵庫 CH 冰箱
창문 EN window JP 窓 CH 窗
옷장 EN closet JP 洋服だんす CH 衣柜
시계 EN clock JP 時計 CH 时钟
문 EN door JP ドア CH 门

1) 방 안에 무엇이 있습니까?

______________ 하고 ______________ 하고 ______________

2) 가방은 어디에 있습니까? (　　)

❶ 침대 위
❷ 침대 아래
❸ 책상 위
❹ 책상 아래

3) 맞으면 O, 틀리면 X 하십시오.

1) 침대 옆에 냉장고가 있습니다. (　　)
2) 옷장은 창문 옆에 있습니다. (　　)
3) 시계 옆에 창문이 있습니다. (　　)

02 **여러분의 방에 무엇이 있습니까? 방을 그리고 쓰십시오.**

여기는 제 방입니다.
____
____
____
____

과제 3 듣기

CD 03-3

01 다음을 듣고 질문에 대답하십시오.

1) 이 사람은 어디에 갑니까?	
2) 이 사람은 어디에서 내립니까?	
3) 택시비는 얼마입니까?	
4) 시간이 얼마나 걸립니까?	

CD 03-4

02 다음을 듣고 맞으면 O, 틀리면 X 하십시오.

1) 여자는 현대 아파트에서 집으로 갑니다. (   )

2) 여기에서 택시로 30분쯤 걸립니다. (   )

3) 여자는 슈퍼마켓 앞에서 내립니다. (   )

택시비 EN taxi fare JP タクシー代 CH 打车费

제4과

비가 오고 바람도 불어요

- **학습 목표** 날씨에 대해서 말할 수 있다.
- **어휘** 비, 바람, 불다, 많이
  날씨 관련 어휘
- **문법** -고[1]
  보다
- **과제** 날씨 말하기
  계절 이야기 읽고 쓰기
  날씨 이야기 듣고 말하기

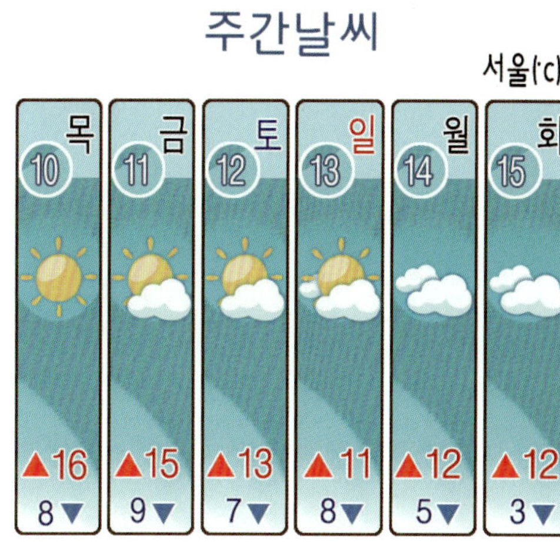

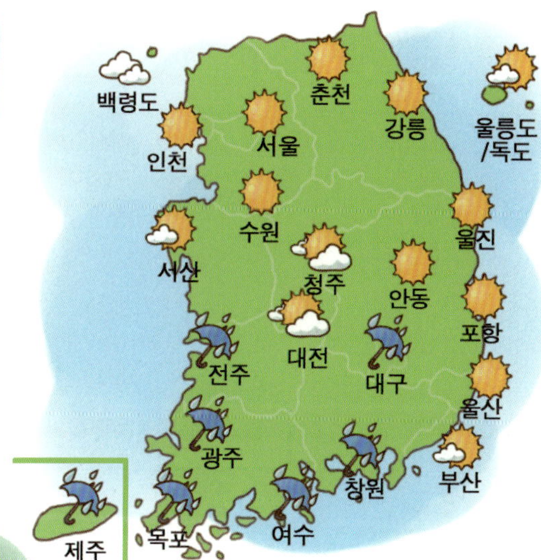

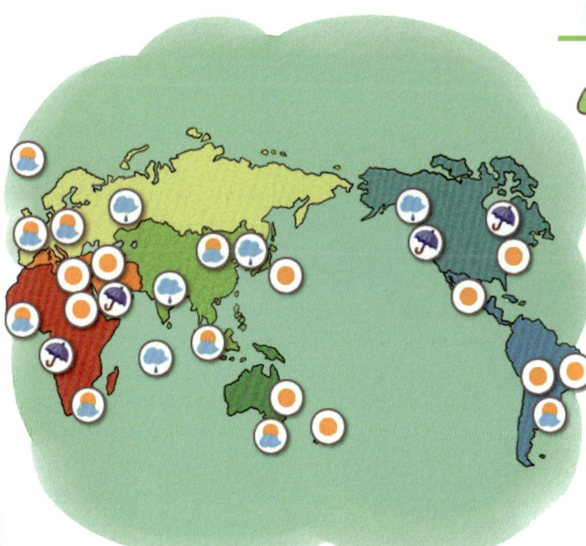

1 오늘 날씨가 어떻습니까?

2 여러분 고향 날씨는 어떻습니까?

CD 04-1,2

유 리 지금 비가 옵니까?

슈테판 네, 비가 오고 바람도 불어요.

유 리 슈테판 씨 고향도 비가 많이 와요?

슈테판 아니요, 서울보다 많이 오지 않아요.

비
EN rain
JP 雨
CH 雨

바람
EN wind
JP 風
CH 风

불다
EN to blow
JP 吹く
CH 吹

많이
EN a lot
JP たくさん
CH 多(副词)

많이 [마니]

어휘

맑다
EN to be clear
JP 晴れている
CH 晴

흐리다
EN to be cloudy
JP 曇っている
CH 阴

비가 오다
EN to rain
JP 雨が降る
CH 下雨

바람이 불다
EN to have the wind blow
JP 風が吹く
CH 刮风

눈이 오다
EN to snow
JP 雪が降る
CH 下雪

보기 와 같이 쓰십시오.

보기  → 눈이 와요.

1)  → ____________

2)  → ____________

3)  → ____________

4)  → ____________

문법

1 -고[1]

- 교실이 크고 깨끗합니다.
- 유리 씨가 예쁘고 친절합니다.
- 바람이 불고 비가 옵니다.
- 아버지는 회사원이고 어머니는 주부입니다.

보기 와 같이 이야기하십시오.

'가' 식당

'나' 식당

싸다 맛있다 크다 깨끗하다 좋다 많다 비싸다

보기 음식이 많고 값이 쌉니다.

'가' 식당
1) ________________.
2) ________________.

'나' 식당
3) ________________.
4) ________________.

2 보다

- 서울이 부산보다 춥습니다.
- 지하철이 버스보다 빠릅니다.
- 저는 주스보다 커피를 많이 마십니다.
- 저는 불고기보다 삼겹살을 좋아합니다.

보기 와 같이 이야기하십시오.

독일

러시아

미국

대한민국

베트남

중국

보기
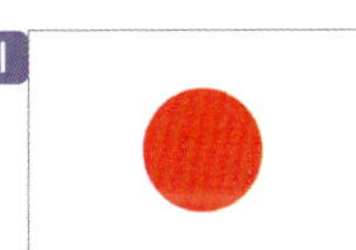
일본

보기 일본이 한국보다 물건 값이 비싸요.
한국 음식이 일본 음식보다 매워요.

1) ______________________________.

2) ______________________________.

3) ______________________________.

4) ______________________________.

5) ______________________________.

과제 1 말하기

01 보기 와 같이 이야기하십시오.

보기

영 주: 오늘 날씨가 어때요?
마이클: 춥고 눈이 많이 와요.
영 주: 마이클 씨 고향도 눈이 많이 와요?
마이클: 네, 많이 와요.
영 주: 서울보다 많이 와요?
마이클: 아니요, 많이 오지 않아요.

과제 2 읽고 쓰기

01 읽고 질문에 대답하십시오.

한국은 봄, 여름, 가을, 겨울이 있습니다.
봄은 날씨가 따뜻합니다.
꽃도 많이 핍니다.
여름은 덥고 비가 많이 옵니다.
가을은 날씨가 맑고 좋습니다.
겨울은 춥습니다.
바람이 불고 눈도 많이 옵니다.

봄 EN spring JP 春 CH 春天
가을 EN fall / autumn JP 秋 CH 秋天
피다 EN to bloom / to blossom JP 咲く CH 开(花)
여름 EN summer JP 夏 CH 夏天
겨울 EN winter JP 冬 CH 冬天

1) 한국의 날씨를 쓰십시오.

봄	
여름	
가을	
겨울	

2) 맞으면 O, 틀리면 X 하십시오.

❶ 봄에 꽃이 많이 핍니다. ( )

❷ 겨울에 비가 많이 옵니다. ( )

02 여러분의 고향 날씨를 쓰십시오.

과제 3 듣고 말하기

CD 04-3

01 다음을 듣고 맞으면 O, 틀리면 X 하십시오.

1) 유리 씨 고향은 눈이 많이 옵니다. (　　)

2) 마이클 씨 고향은 춥습니다. (　　)

CD 04-4

02 다음을 듣고 질문에 대답하십시오.

1) 서울 날씨는 어떻습니까? 모두 고르십시오. (　　,　　)

❶ 　❷ 　❸ 　❹ 

2) 제주도 날씨는 어떻습니까? (　　)

❶ 비가 와요.　❷ 바람이 불어요.

❸ 날씨가 좋아요.　❹ 어제보다 더워요.

03 친구들과 고향 날씨를 이야기하십시오.

질문	보기	친구 1	친구 2
언제 비가 많이 와요?	7월		
언제 눈이 많이 와요?	1월		
언제 날씨가 좋아요?	10월		

어제 EN yesterday JP 昨日 CH 昨天　　**아주** EN very JP とても CH 非常

제5과

맵지만 맛있어요

- **학습 목표** 음식 맛에 대해서 이야기할 수 있다.
- **어휘** 닭갈비, 맛
  맛 관련 어휘
- **문법** -어서[1]
  -지만
- **과제** 좋아하는 음식 말하기
  좋아하는 음식 읽고 말하기
  유명한 고향 음식 듣고 쓰기

1 여러분은 무슨 음식을 좋아합니까?

2 여러분 나라는 무슨 음식이 유명합니까?

CD 05-1,2

닭갈비
EN chicken rib
JP タッカルビ
CH 鸡排

맛
EN taste
JP 味
CH 味道

마이클 유리 씨는 무슨 음식을 좋아해요?

유 리 저는 닭갈비를 좋아해서 자주 먹어요.

마이클 닭갈비 맛이 어때요?

유 리 맵지만 맛있어요.

닭갈비 [닥깔비]

어휘

맵다
EN to be spicy
JP 辛い
CH 辣

짜다
EN to be salty
JP 塩辛い
CH 咸

달다
EN to be sweet
JP 甘い
CH 甜

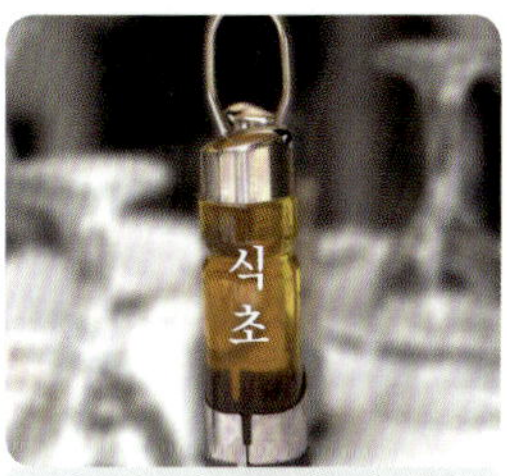

시다
EN to be sour
JP すっぱい
CH 酸

쓰다
EN to be bitter
JP 苦い
CH 苦

싱겁다
EN to be bland
JP 薄い
CH 淡

연결하십시오.

	달다
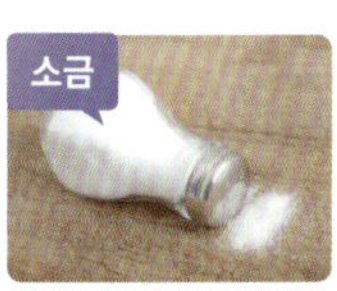	시다
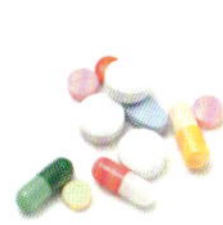	맵다
	짜다
	쓰다

문법

1 -어서/아서/여서[1]

- 배가 아파서 병원에 가요.
- 학교가 가까워서 좋아요.
- 옷을 많이 입어서 춥지 않아요.
- 늦어서 죄송합니다.

마이클이 왜 좋아합니까? 보기 와 같이 이야기하십시오.

가깝다 깨끗하다 싸다 맛있다 재미있다 친절하다

보기 기숙사가 가까워서 좋습니다.

1) ______________________________.

2) ______________________________.

3) ______________________________.

4) ______________________________.

5) ______________________________.

2 -지만

- 이 옷이 예쁘지만 좀 비싸요.
- 한국말이 어렵지만 재미있어요.
- 바람이 불지만 춥지 않아요.
- 읽기는 잘 하지만 말하기는 잘 못 해요.

유리의 한국 생활입니다. 보기 와 같이 이야기하십시오.

어렵다 재미있다 깨끗하다 크다 맛있다 맵다 빠르다 비싸다 좋다 잘하다

보기 한국말이 어렵지만 재미있습니다.

1) ________________________________.

2) ________________________________.

3) ________________________________.

4) ________________________________.

5) ________________________________.

과제 1 말하기

01 **보기** 와 같이 이야기하십시오.

보기

샤오밍: 유리 씨는 무슨 음식을 좋아해요?
유　리: 저는 비빔밥을 좋아해서 자주 먹어요.
샤오밍: 맛이 어때요?
유　리: 맵지만 맛있어요.
샤오밍: 어느 식당에 자주 가요?
유　리: 음식이 맛있어서 서울 식당에 자주 가요.

한식

양식

일식

중국 음식

한식 EN Korean food JP 韓食 CH 韩国菜
양식 EN Western food JP 洋食 CH 西餐
일식 EN Japanese food JP 和食 CH 日本菜

과제 2 읽고 말하기

01 읽고 질문에 대답하십시오.

저는 한국 음식을 좋아합니다.
저는 비빔밥과 냉면을 좋아합니다.
비빔밥은 채소가 많아서 좋습니다.
조금 맵지만 맛있습니다.
냉면은 물냉면하고 비빔냉면이 있습니다.
물냉면은 맵지 않고 비빔냉면은 맵습니다.
저는 비빔냉면보다 물냉면을 좋아합니다.
한식은 건강에 좋아서 인기가 많습니다.
외국인들도 좋아합니다.

1) 이 사람은 무슨 음식을 좋아합니까? 쓰십시오.

________________ 과/와 ________________

2) 맞으면 O, 틀리면 X 하십시오.

❶ 비빔밥은 맵지 않습니다. (　　)
❷ 비빔밥은 채소가 많습니다. (　　)
❸ 이 사람은 물냉면보다 비빔냉면을 좋아합니다. (　　)
❹ 한국 음식은 외국인들도 좋아합니다. (　　)

채소 EN vegetables JP 野菜 CH 蔬菜
조금 EN a little JP ちょっと CH 一点儿
비빔냉면 EN bibim naengmyeon (iced noodles with assorted mixtures) JP ビビン冷麺 CH 拌冷面
물냉면 EN mul naengmyeon (iced noodles in water) JP 水冷麺 CH 水冷面
건강 EN health JP 健康 CH 健康
외국인 EN foreigner JP 外国人 CH 外国人
인기 EN popularity JP 人気 CH 人气

02 무슨 음식을 좋아합니까? 보기 와 같이 이야기하십시오.

보기

가: 무슨 음식을 자주 먹습니까?
나: 저는 비빔밥을 자주 먹습니다.
가: 왜 그 음식을 자주 먹습니까?
나: 채소가 많아서 자주 먹습니다.
가: 비빔밥은 맛이 어떻습니까?
나: 조금 맵지만 맛있습니다.

	친구 1	친구 2
무슨 음식을 자주 먹습니까?		
왜 그 음식을 자주 먹습니까?		
맛이 어떻습니까?		

과제 3 듣고 쓰기

CD 05-3

01 다음을 듣고 맞으면 O, 틀리면 X 하십시오.

1) 독일 소시지는 맵지만 맛있습니다. (　　)
2) 서울에 독일 식당이 있습니다. (　　)
3) 독일 식당은 집 근처에 있습니다. (　　)

CD 05-4

02 다음을 듣고 질문에 대답하십시오.

1) 이 사람은 어느 나라 사람입니까?

____

2) 생선 초밥이 어떻습니까? (　　)

❶ 싸고 맛있습니다. ❷ 짜고 맛있습니다.
❸ 짜지만 맛있습니다. ❹ 비싸지만 맛있습니다.

03 여러분의 고향 음식을 소개하십시오.

____
____
____
____
____
____
____

소시지 EN sausage JP ソーセージ CH 香肠

생선 EN fish JP 魚 CH 鲜鱼

제6과

여기에서 드시겠어요?

- **학습 목표** 원하는 것을 주문할 수 있다.
- **어휘** 뭘, 가지고 가다
  존대어
- **문법** -으시-
  -겠-
- **과제** 다양한 음식 주문하기
  메뉴를 읽고 쓰기
  주문하는 이야기 듣고 말하기

1 여러분은 무슨 차를 좋아합니까?

2 여러분은 어디에서 차를 마십니까?

CD 06-1,2

직원 뭘 주문하시겠습니까?

유리 커피 두 잔 주세요.

직원 여기에서 드시겠어요?

유리 아니요, 가지고 가겠습니다.

뭘
EN what
JP 何を
CH 什么

가지고 가다
EN to take and go
JP 持って行く
CH 带走

가겠습니다 [가게씀니다]

어휘

있다
EN to be
JP いる
CH 在

계시다
EN to be (honorific)
JP いらっしゃる
CH 在(敬语)

먹다
EN to eat
JP 食べる
CH 吃

드시다
EN to eat (honorific)
JP 召し上がる
CH 吃、喝(敬语)

자다
EN to sleep
JP 寝る
CH 睡

주무시다
EN to sleep (honorific)
JP お休みになる
CH 睡(敬语)

말하다
EN to speak
JP 話す
CH 说

말씀하시다
EN to speak (honorific)
JP おっしゃる
CH 说(敬语)

보기 와 같이 맞는 단어를 고르십시오.

보기  잡니다 / 주무십니다. (잡니다 circled)

1)  먹습니다 / 드십니다.

2)  회사에 있습니다 / 계십니다.

3)  커피를 마십니다 / 드십니다.

4)  말합니다 / 말씀하십니다.

5)  잡니다 / 주무십니다.

문법

1 -으시/시-

- 우리 아버지는 회사원이십니다.
- 부모님께서 오늘 한국에 오십니다.
- 김 선생님은 무엇을 가르치십니까?
- 선생님, 어디에 가십니까?

리에 씨 가족들이 무엇을 합니까? 보기 와 같이 이야기하십시오.

보기		→ 책을 읽으십니다.	1)		→ ______________.
2)		→ ______________.	3)		→ ______________.
4)		→ ______________.	5)		→ ______________.

2 -겠-

- 뭘 드시겠습니까?
- 방학에 무엇을 하겠습니까?
- 학교에 다녀오겠습니다.
- 내일 친구와 같이 경주에 가겠습니다.

주말에 무엇을 하겠습니까? 보기 와 같이 이야기하십시오.

운동을 하다

공부를 하다

친구를 만나다

주말

보기 쇼핑을 하다

영화를 보다

아르바이트를 하다

보기 저는 쇼핑을 하겠습니다.

1) ______________________________.

2) ______________________________.

3) ______________________________.

4) ______________________________.

5) ______________________________.

과제 1 말하기

01 **보기** 와 같이 이야기하십시오.

보기

직원: 뭘 주문하시겠어요?
유리: 커피 한 잔하고 아이스크림 하나 주세요.
직원: 여기에서 드시겠어요?
유리: 네, 여기에서 먹겠습니다.
직원: 잠시만 기다려 주세요.
유리: 네, 알겠습니다.

아이스크림 EN ice cream JP アイスクリーム CH 冰淇淋

잠시만 EN for a little while JP 少しの間 CH 一会儿

과제 2 읽고 쓰기

01 다음 메뉴를 보고 질문에 대답하십시오.

메 뉴

- 커피 ———— 5,000원
- 주스 ———— 6,000원
- 녹차 ———— 4,000원
- 인삼차 ———— 5,500원
- 유자차 ———— 5,000원
- 떡 ———— 6,000원
- 팥빙수(여름 메뉴) — 6,000원

*월요일에 쉽니다.

1) 이 가게에 무엇이 없습니까? (　　)

❶ 커피　　❷ 사이다

❸ 유자차　　❹ 팥빙수

2) 맞으면 O, 틀리면 X 하십시오.

❶ 팥빙수는 봄과 여름에 있습니다.　(　　)

❷ 이 가게는 주말에 쉽니다.　(　　)

3) 인삼차와 떡을 먹겠습니다. 모두 얼마입니까?

____

메뉴 EN menu JP メニュー CH 菜单
인삼차 EN ginseng tea JP 高麗人参茶 CH 人参茶
떡 EN rice cake JP 餅 CH 年糕
녹차 EN green tea JP 緑茶 CH 绿茶
유자차 EN citron tea JP 柚子茶 CH 柚子茶
팥빙수 EN red bean sherbet JP パッピンス(カキ氷) CH 红豆冰

02 여러분 나라에서는 무슨 후식을 많이 먹습니까? 메뉴를 만드십시오.

메뉴

후식 EN dessert JP デザート CH 饭后甜点

과제 3 듣고 말하기

CD 06-3

01 다음을 듣고 질문에 대답하십시오.

1) 이 사람은 어디에 있습니까? (　　)

❶ 병원　❷ 시장　❸ 식당　❹ 옷 가게

2) 무엇을 주문합니까?

__________, __________

CD 06-4

02 다음을 듣고 질문에 대답하십시오.

1) 여기는 어디입니까? (　　)

❶ 빵집　❷ 한식집　❸ 커피숍　❹ 꽃 가게

2) 맞으면 O, 틀리면 X 하십시오.

❶ 이 가게는 커피가 유명합니다. (　　)

❷ 두 사람은 커피와 케이크를 주문합니다. (　　)

03 여러분은 무엇을 먹겠습니까? 주문하십시오.

음료수 EN drink JP 飲料水 CH 饮料

치즈 EN cheese JP チーズ CH 奶酪

제 7 과

이따가 같이 사러 갑시다

- **학습 목표** 생일 모임을 준비할 수 있다.
- **어휘** 준비하다, 이따가
  생일 관련 어휘
- **문법** -을까요? -으십시오
  -으러
- **과제** 파티 준비하기
  생일 이야기 읽고 쓰기
  생일 이야기 듣고 말하기

1 여러분은 생일에 무엇을 합니까?

2 생일 선물은 무엇이 좋습니까?

CD 07-1,2

준비하다
EN to prepare
JP 準備する
CH 准备

이따가
EN later
JP あとで
CH 等会儿

마이클 슈테판 씨 생일 파티에 몇 시까지 갈까요?

영 주 7시까지 오십시오.

마이클 영주 씨는 생일 선물을 준비했어요?

영 주 아니요, 이따가 같이 사러 갑시다.

몇 시 [멷씨]

어휘

케이크
EN cake
JP ケーキ
CH 蛋糕

카드
EN card
JP カード
CH 卡片

생일파티
EN birthday party
JP 誕生日パーティー
CH 生日派对

선물
EN gift
JP プレゼント
CH 礼物

꽃
EN flower
JP 花
CH 花

보기 와 같이 알맞은 단어를 쓰십시오.

오늘은 유리 씨 **보기** 생일입니다.

유리 씨 집에서 1) ______________________ 을/를 하겠습니다.

영주 씨는 빵집에서 2) ______________________ 을/를 사겠습니다.

마이클 씨는 꽃 가게에서 3) ______________________ 을/를 사겠습니다.

그리고 저는 백화점에서 4) ______________________ 을/를 사겠습니다.

우리는 5) ______________________ 을/를 쓰겠습니다.

문법

1 -을까요?/ㄹ까요? -으십시오/십시오

- 가: 문을 닫을까요?
  나: 네, 닫으십시오.
- 가: 언제 갈까요?
  나: 오후에 오십시오.
- 가: 몇 시에 전화할까요?
  나: 2시에 전화하십시오.
- 가: 어디에 놓을까요?
  나: 여기 놓으십시오.

여행을 하고 싶습니다. 보기 와 같이 이야기하십시오.

5월

일요일	월요일	화요일	수요일	목요일	금요일	토요일
		1	2	3	4	5
6	7	8	9	10	11	12
13	14	15	16	17	18	19
20	21	22	23	24 ←	25 일본	26 →
27	28	29	30	31		

보기
가: 어디에 갈까요?
나: 일본에 가십시오.

1) 가: 언제 갈까요?
나: ____________

2) 가: 무엇을 먹을까요?
나: ____________

3) 가: 어디에 갈까요?
나: ____________

4) 가: 무엇을 구경할까요?
나: ____________

5) 가: 무엇을 마실까요?
나: ____________

2 -으러/러

- 영화를 보러 갈까요?
- 친구를 만나러 갑니다.
- 공부하러 도서관에 갑니까?
- 한국말을 배우러 한국에 왔어요.

샤오밍이 어디에 갑니까? 왜 갑니까? 보기 와 같이 이야기하십시오.

보기 한국말을 배우러 학교에 갑니다.

1) ______________________________.

2) ______________________________.

3) ______________________________.

4) ______________________________.

5) ______________________________.

과제 1 말하기

01 보기 와 같이 이야기하십시오.

> **보기**
>
> **샤오밍:** 내일 크리스마스 파티를 할까요?
>
> **유 리:** 네, 좋습니다. 저는 무엇을 준비할까요?
>
> **샤오밍:** 유리 씨는 음료수를 준비하십시오.
> 저는 케이크를 만들겠습니다.
>
> **유 리:** 선물도 살까요?
>
> **샤오밍:** 네, 지금 사러 갑시다.

크리스마스 EN Christmas JP クリスマス CH 圣诞节 **만들다** EN to make JP 作る CH 做

과제 2 읽고 쓰기

01 읽고 질문에 대답하십시오.

오늘은 제 여자 친구 생일입니다.

저는 선물을 사러 백화점에 갑니다.

제 여자 친구는 액세서리를 좋아합니다.

그래서 저는 목걸이를 사겠습니다.

그리고 꽃 가게에서 꽃도 사겠습니다.

저녁에 여자 친구 집에서 파티를 하겠습니다.

친구들이 케이크와 음료수를 가지고 오겠습니다.

저와 여자 친구는 음식을 준비하겠습니다.

목걸이 EN necklace JP ネックレス CH 项链

가지고 오다 EN to take and come / to bring JP 持ってくる CH 带来

1) 맞으면 O, 틀리면 X 하십시오.

❶ 여자 친구의 생일은 오늘입니다. (　　)
❷ 여자 친구 집에서 생일 파티를 합니다. (　　)
❸ 친구들이 음식을 준비하겠습니다. (　　)

2) 백화점에서 무엇을 사겠습니까? (　　)

❶ 케이크　❷ 꽃　❸ 목걸이　❹ 음료수

02 **여러분은 생일에 무엇을 하고 싶습니까? 쓰십시오.**

문화

• 생일 음식

한국에서는 생일날 아침에 반드시 미역국을 먹는다.
한국의 어머니들은 옛날부터 아기를 낳으면 미역국을 먹는 풍습이 있었다. 그래서 생일에는 어머니를 생각하면서 미역국을 먹는다.

과제 3 듣고 말하기

CD 07-3

01 다음을 듣고 질문에 대답하십시오.

1) 슈테판 씨는 왜 백화점에 갑니까? (   )

❶ 옷을 사러 갑니다. ❷ 유리 씨를 만나러 갑니다.
❸ 생일 케이크를 사러 갑니다. ❹ 유리 씨 선물을 사러 갑니다.

2) 유리 씨 생일이 언제입니까?

____

CD 07-4

02 다음을 듣고 질문에 대답하십시오.

1) 맞으면 O, 틀리면 X 하십시오.

❶ 오늘은 슈테판 씨의 생일입니다. (   )
❷ 유리 씨는 한국 노래를 좋아합니다. (   )

2) 생일 선물은 무엇입니까? 쓰십시오.

______________ 과/와 ______________

03 친구들과 이야기하십시오.

	보기	친구 1	친구 2
생일이 언제입니까?	5월 23일		
무엇을 합니까?	파티		
무엇을 먹습니까?	케이크		
무슨 선물을 받고 싶습니까?	책		

축하하다 EN to congratulate JP 祝う CH 祝贺
정말 EN really JP 本当 CH 真的
노래 EN song JP 歌 CH 歌
받다 EN to receive JP もらう CH 收到
고맙다 EN to be thankful JP ありがとう CH 谢谢

제8과

저는 일주일에 두 번쯤 수영을 해요

- **학습 목표** 좋아하는 운동에 대해서 이야기할 수 있다.
- **어휘** 일주일, 번, 수영, 수영장
  운동 관련 어휘
- **문법** -고[2]
  에 ~쯤
- **과제** 즐겨 하는 운동 말하기
  좋아하는 운동 읽고 쓰기
  고향 사람들이 좋아하는 운동 듣고 말하기

1 이 사람들은 무엇을 합니까?

2 여러분은 무슨 운동을 좋아합니까?

CD 08-1,2

영주　유리 씨는 운동을 자주 해요?

유리　저는 일주일에 두 번쯤 수영을 해요.

영주　내일 같이 수영장에 갈까요?

유리　좋아요. 점심을 먹고 갑시다.

일주일
EN one week
JP 一週間
CH 一周

번
EN a time
JP 回
CH 次

수영
EN swimming
JP 水泳
CH 游泳

수영장
EN swimming pool
JP プール
CH 游泳场

일주일 [일쭈일]
먹고 [먹꼬]

어휘

수영
EN swimming
JP 水泳
CH 游泳

야구
EN baseball
JP 野球
CH 棒球

축구
EN soccer
JP サッカー
CH 足球

농구
EN basketball
JP バスケットボール
CH 篮球

배구
EN volleyball
JP バレーボール
CH 排球

탁구
EN table tennis
JP 卓球
CH 乒乓球

연결하십시오.

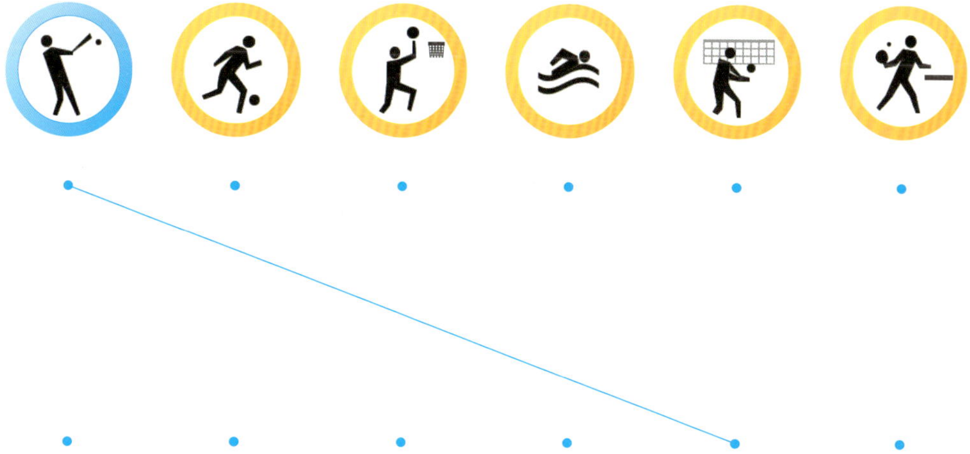

농구　　배구　　축구　　탁구　　야구　　수영

문법

1 -고[2]

- 책을 읽고 이야기합니다.
- 영화를 보고 저녁을 먹읍시다.
- 점심을 먹고 도서관에 갈까요?
- 숙제를 하고 텔레비전을 보겠습니다.

마이클의 하루입니다. 보기 와 같이 이야기하십시오.

2 : 00

보기

4 : 00

6 : 00

7 : 00

9 : 00

10 : 00

11 : 00

보기 숙제를 하고 운동을 해요.

1) ______________________________.

2) ______________________________.

3) ______________________________.

4) ______________________________.

5) ______________________________.

2 에 ~쯤

- 한 달에 한 번쯤 영화를 봐요.
- 하루에 두 잔쯤 커피를 마셔요.
- 하루에 세 시간쯤 한국말을 공부해요.
- 일주일에 두 번쯤 여자 친구를 만나요.

보기 와 같이 이야기하십시오.

보기 슈테판 씨는 일주일에 세 번쯤 운동합니다.

1) ______________________________.

2) ______________________________.

3) ______________________________.

4) ______________________________.

5) ______________________________.

과제 1 말하기

01 보기 와 같이 이야기하십시오.

보기

슈테판: 마이클 씨는 무슨 운동을 좋아해요?

마이클: 저는 탁구를 좋아해요.

슈테판: 탁구를 자주 쳐요?

마이클: 네, 저는 일주일에 두 번쯤 탁구장에 가요.

슈테판: 그럼 내일 같이 탁구를 치러 갈까요?

마이클: 네, 점심을 먹고 갑시다.

치다 EN to play JP (スポーツを)する、打つ CH 打

테니스 EN tennis JP テニス CH 网球

달 EN month JP 月 CH 月

탁구장 EN table tennis gym JP 卓球場 CH 乒乓球场

하루 EN one day JP 一日 CH 一天

과제 2 읽고 쓰기

01 읽고 질문에 대답하십시오.

저는 운동을 좋아합니다.
우리 집 근처에 공원이 있습니다.
저는 날마다 아침에 공원에서 달리기를 합니다.
40분쯤 달리기를 하고 학교에 갑니다.
마이클도 운동을 좋아합니다.
마이클은 일주일에 두 번쯤 축구를 합니다.
수업이 끝나고 친구들과 축구를 합니다.
1시간쯤 축구를 하고 집에 옵니다.
마이클은 축구를 잘해서 인기가 많습니다.

달리기 EN running JP 走ること、駆けっこ CH 跑步
끝나다 EN to end JP 終わる CH 结束
수업 EN class JP 授業 CH 课业

1) 쓰십시오.

	나	마이클
무슨 운동을 합니까?		
언제 운동을 합니까?		
얼마나 자주 운동을 합니까?		

2) 맞으면 O, 틀리면 X 하십시오.

❶ 저는 아침에 운동을 하고 학교에 갑니다. (   )
❷ 저는 집 근처 공원에서 운동합니다. (   )
❸ 마이클은 1시쯤에 집에 옵니다. (   )

02 여러분은 무슨 운동을 좋아합니까? 쓰십시오.

과제 3 듣고 말하기

CD 08-3

01 다음을 듣고 맞으면 O, 틀리면 X 하십시오.

1) 미국 사람들은 야구를 좋아합니다. (　　)

2) 중국 사람들은 탁구를 잘 칩니다. (　　)

3) 샤오밍 씨는 일주일에 한 번쯤 탁구를 칩니다. (　　)

CD 08-4

02 다음을 듣고 질문에 대답하십시오.

1) 슈테판 씨는 무슨 운동을 합니까?

____

2) 유리 씨는 일주일에 몇 번 운동합니까? (　　)

❶ 한 번　　❷ 두 번　　❸ 세 번　　❹ 네 번

3) 다음을 듣고 맞으면 O, 틀리면 X 하십시오.

❶ 태권도는 힘들지 않습니다. (　　)

❷ 유리 씨는 요즘 테니스를 칩니다. (　　)

03 친구들과 이야기하십시오.

	보기	친구 1	친구 2
여러분 나라 사람들은 무슨 운동을 좋아합니까?	축구		
여러분은 요즘 무슨 운동을 합니까?	달리기		
얼마나 자주 그 운동을 합니까?	일주일에 세 번쯤		

태권도 EN Taekwondo JP テコンドー CH 跆拳道

힘들다 EN to be laborious/to be hard JP 大変だ CH 吃力、难

제9과

숙제도 하고 음악도 들었어요

- **학습 목표** 과거에 한 일을 말할 수 있다.
- **어휘** 음악, 듣다
  일상생활 관련 어휘
- **문법** -었-
  ㄷ 동사
- **과제** 어제 한 일 말하기
  어제 한 일 듣고 말하기
  일기 읽고 쓰기

1 여러분은 날마다 무엇을 합니까?

2 여러분은 주말에 무엇을 합니까?

CD 09-1,2

음악

EN music
JP 音楽
CH 音乐

듣다

EN to listen
JP 聴く
CH 听

슈테판 어제 무엇을 했어요?

샤오밍 친구 집에 갔어요.

슈테판 친구 집에서 무엇을 했어요?

샤오밍 숙제도 하고 음악도 들었어요.

숙제 [숙쩨]
들었어요 [드러써요]

어휘

일어나다
EN to get up
JP 起きる
CH 起床

이를 닦다
EN to brush teeth
JP 歯を磨く
CH 刷牙

세수하다
EN to wash the face
JP 顔を洗う
CH 洗脸

옷을 입다
EN to wear clothes
JP 服を着る
CH 穿衣服

밥을 먹다
EN to eat food
JP ご飯を食べる
CH 吃饭

공부하다
EN to study
JP 勉強する
CH 学习

샤워하다
EN to take a shower
JP シャワーする
CH 淋浴

잠을 자다
EN to sleep
JP 寝る
CH 睡觉

연결하십시오.

• 세수해요

• 옷을 입어요

• 이를 닦아요

• 밥을 먹어요

• 샤워해요

• 공부해요

문법

1 -었습니다/았습니다/였습니다

- 저는 일본에서 왔어요.
- 배가 고파서 밥을 먹었어요.
- 친구와 같이 운동을 했어요.
- 설악산 경치가 아주 아름다웠습니다.

무엇을 했습니까? 보기 와 같이 이야기하십시오.

보기 월요일

화요일

수요일

목요일

금요일

토요일

일요일 (오늘)

보기 저는 월요일에 수영장에 갔습니다.

1) ______________________________.

2) ______________________________.

3) ______________________________.

4) ______________________________.

5) ______________________________.

2 ㄷ 동사

- 선생님께 물어 보세요.
- 저는 한국 노래를 자주 들어요.
- 유리 씨는 학교에 걸어서 와요.
- 짐을 모두 차에 실었습니까?

보기 와 같이 이야기하십시오.

묻다　　듣다　　걷다　　싣다

보기　리에는 어제 시청에서 명동까지 걸어서 갔습니다.

1) ____________________.

2) ____________________.

3) ____________________.

4) ____________________.

5) ____________________.

묻다 EN to ask JP 聞く CH 问　　싣다 EN to load JP 載せる/積む CH 装

과제 1 말하기

01 **보기** 와 같이 이야기하십시오.

> **보기**
>
> **마이클**: 어제 점심을 먹고 무엇을 했어요?
>
> **유 리**: 친구와 같이 도서관에 갔어요.
>
> **마이클**: 도서관에서 무엇을 했어요?
>
> **유 리**: 책도 읽고 숙제도 했어요.
>
> **마이클**: 도서관이 어땠어요?
>
> **유 리**: 조용하고 사람이 많았어요.

조용하다 EN to be quiet JP 静かだ CH 安静

과제 2 듣고 말하기

CD 09-3

01 다음을 듣고 질문에 대답하십시오.

1) 샤오밍 씨는 왜 학교에 안 왔습니까?

____

2) 맞으면 O, 틀리면 X 하십시오.

❶ 샤오밍 씨는 요즘 일이 많아서 바쁩니다. (   )
❷ 샤오밍 씨는 어제 10시까지 숙제를 했습니다. (   )
❸ 샤오밍 씨는 오늘 회사에 안 갑니다. (   )

CD 09-4

02 다음을 듣고 질문에 대답하십시오.

1) 유리 씨 친구 생일 파티는 언제입니까? (   )

❶ 목요일 ❷ 금요일 ❸ 토요일 ❹ 일요일

2) 맞으면 O, 틀리면 X 하십시오.

❶ 유리 씨는 일요일에 도서관에 갔습니다. (   )
❷ 유리 씨는 주말에 잠을 많이 잤습니다. (   )
❸ 유리 씨는 마이클 씨와 같이 공부를 했습니다. (   )

03 친구들과 이야기하십시오.

	보기	친구 1	친구 2
어제 수업이 끝나고 어디에 갔어요?	도서관		
누구와 같이 갔어요?	친구		
무엇을 했어요?	숙제		

피곤하다 EN to be tired JP 疲れる CH 疲劳、累

과제 3 읽고 쓰기

01 읽고 질문에 답하십시오.

1 월 14 일 월요일 눈

오늘은 아침부터 눈이 왔습니다.
눈이 많이 와서 기분이 좋았습니다.
수업이 끝나고 친구와 같이 종로에 갔습니다.
보통 학교에서 종로까지 20분 걸립니다.
하지만 오늘은 40분쯤 걸렸습니다.
우리는 영화를 보러 극장에 갔습니다.
영화를 보고 저녁을 먹었습니다.
저녁을 먹고 청계천에 갔습니다.
청계천에서 산책을 했습니다.
많이 걸어서 다리가 아팠습니다.
오늘은 조금 피곤했지만 아주 재미있었습니다.

기분 EN mood JP 気分 CH 心情
청계천 EN Cheonggyecheon JP 清渓川 CH 清溪川(地名)
아프다 EN to be in pain JP 痛い CH 疼
종로 EN Chongno JP 鐘路 CH 钟路(地名)
다리 EN legs JP 足 CH 腿

1) 나는 저녁을 먹고 어디에 갔습니까?

____

2) 맞으면 O, 틀리면 X 하십시오.

❶ 나는 친구와 같이 밥을 먹고 영화를 봤습니다. ( )

❷ 나는 눈이 많이 와서 종로까지 걸어서 갔습니다. ( )

❸ 친구와 나는 다리가 아파서 청계천에 가지 않았습니다. ( )

02 일기를 쓰십시오.

나의 일기

월 일 요일

____

____

____

____

____

____

____

____

문화

• 청계천

서울시 종로구에는 청계천이 있다. 청계천에는 22개의 다리가 있고 아름다운 분수가 많이 있다. 산책로도 있어서 사람들이 많이 간다.

일기 EN journal / diary JP 日記 CH 日记

제 10 과

이것보다 긴 바지는 없어요?

- **학습 목표** 자신이 원하는 물건을 살 수 있다.
- **어휘** 보이다, 길다, 디자인, 마음에 들다
  형용사
- **문법** -은
  ㄹ 동사
- **과제** 가게에서 원하는 물건 사기
  쇼핑한 이야기 읽고 쓰기
  물건 사는 이야기 읽고 듣기

1 여러분은 한국에서 무엇을 샀습니까?

2 어디에서 샀습니까?

CD 10-1,2

유리 바지 좀 보여 주세요.

주인 여기 있습니다.

유리 이것보다 긴 바지는 없어요?

주인 이 바지는 어떻습니까?

유리 디자인이 마음에 듭니다. 이거 주세요.

보이다
EN to show
JP 見せる
CH 看见

길다
EN to be long
JP 長い
CH 长

디자인
EN design
JP デザイン
CH 设计、样式

마음에 들다
EN to suit one's taste / to like
JP 気に入る
CH 称心看中、喜欢

없어요 [업써요]

어휘

같다
EN to be the same
JP 同じだ
CH 相同

다르다
EN to be different
JP 違う
CH 不同

많다
EN to be many
JP 多い
CH 多

적다
EN to be few
JP 少ない
CH 少

길다
EN to be long
JP 長い
CH 长

짧다
EN to be short
JP 短い
CH 短

조용하다
EN to be quiet
JP 静かだ
CH 安静

시끄럽다
EN to be noisy
JP うるさい
CH 吵闹

깨끗하다
EN to be clean
JP きれいだ
CH 干净

더럽다
EN to be dirty
JP 汚い
CH 脏

무겁다
EN to be heavy
JP 重い
CH 重

가볍다
EN to be light
JP 軽い
CH 轻

연결하십시오.

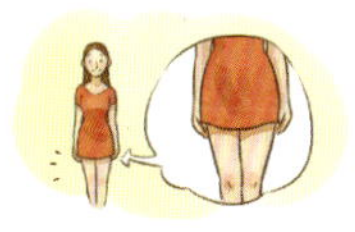

- 많다
- 짧다
- 시끄럽다
- 같다
- 무겁다

문법

1 -은/ㄴ

- 키가 큰 사람이 형입니다.
- 우리 선생님은 친절한 사람입니다.
- 마이클 씨는 하고 싶은 일이 뭐예요?
- 저는 매운 음식을 좋아합니다.

여러분은 어떤 사람이 좋습니까? 보기 와 같이 이야기하십시오.

보기 친구가 많은 사람이 좋아요.

1) ______________________________.

2) ______________________________.

3) ______________________________.

4) ______________________________.

5) ______________________________.

2 ㄹ 동사

- 유리 씨 집이 멉니다.
- 저는 기숙사에서 삽니다.
- 영주 씨 전화번호를 압니까?
- 어머니께서 불고기를 만드십니다.

보기 에서 알맞은 단어를 골라서 이야기를 완성하십시오.

보기 살다 달다 만들다 알다 멀다 마음에 들다

안녕하세요? 제 이름은 마리아입니다.

저는 한국어학당에서 한국말을 배웁니다.

한국말을 조금 보기 압니다 ~~습니다/ㅂ니다.~~

저는 기숙사에서 1) ______________ 습니다/ㅂ니다.

기숙사가 조금 2) ______________ 습니다/ㅂ니다.

걸어서 30분쯤 걸립니다.

기숙사가 깨끗해서 3) ______________ 습니다/ㅂ니다.

저는 한국 음식을 아주 좋아합니다.

저는 김치찌개를 좋아해서 김치찌개를 자주 4) ______________ 습니다/ㅂ니다.

저는 5) ______________ 은/ㄴ 음식을 좋아하지 않습니다.

그래서 아이스크림과 케이크를 먹지 않습니다.

알다 EN to know JP 知る/わかる CH 知道

과제 1 말하기

01 **보기** 와 같이 이야기하십시오.

보기

주인: 어서 오세요. 뭘 찾으십니까?
유리: 치마 좀 보여 주세요.
주인: 여기 있습니다. 구경하세요.
유리: 이것보다 짧은 치마는 없어요?
주인: 이 치마는 어떻습니까?
유리: 마음에 듭니다. 얼마예요?
주인: 35,000원입니다.

옷

구두

우산

찾다 EN to find JP 探す CH 找
우산 EN umbrella JP 傘 CH 雨伞
구두 EN dress shoes JP 靴 CH 皮鞋

과제 2 읽고 쓰기

01 읽고 질문에 대답하십시오.

저는 어제 유리 씨하고 시장에 갔습니다.

우리는 작은 옷 가게에 들어갔습니다.

예쁜 옷이 많았지만 값이 비쌌습니다.

우리는 다른 옷 가게에 갔습니다.

그 가게에 싸고 좋은 옷이 많았습니다.

유리 씨는 긴 바지하고 티셔츠를 샀습니다.

바지는 이만 오천 원이고 티셔츠는 만 원이었습니다.

저는 짧은 치마를 샀습니다.

치마는 이만 원이었습니다.

쇼핑을 하고 밤 10시쯤 집에 갔습니다.

작다 EN to be small JP 小さい CH 小

티셔츠 EN T-shirt JP Tシャツ CH T恤

1) 우리는 작은 가게에서 왜 옷을 안 샀습니까? (　　　)

❶ 비쌌습니다.
❷ 마음에 들지 않았습니다.
❸ 예쁘지 않았습니다.
❹ 옷이 많지 않았습니다.

2) 유리 씨는 무엇을 샀습니까? (　　　)

❶ 긴 바지와 치마
❷ 긴 바지와 티셔츠
❸ 짧은 바지와 치마
❹ 짧은 치마와 티셔츠

3) 맞으면 O, 틀리면 X 하십시오.

❶ 저는 긴 치마를 샀습니다. (　　　)
❷ 치마는 20,000원이었습니다. (　　　)
❸ 밤 11시에 집에 갔습니다. (　　　)

02 **한국에서 사고 싶은 물건이 무엇입니까? 쓰십시오.**

사고 싶은 물건 : ____________________

____

____

____

01 읽고 질문에 대답하십시오.

서울 백화점 세일!

SALE

5월 1일부터 15일까지

여름 구두	여자 가방	남자 시계
사이즈 225mm ~ 245mm	200개	~~350,000원~~ → 262,500원
~~150,000원~~ → 105,000원	~~400,000원~~ → 200,000원	**여자 시계**
		~~300,000원~~ → 225,000원

쇼핑도 하고 선물도 받으세요!
선물은 백화점 10층에서 드립니다.

1) 맞으면 O, 틀리면 X 하십시오.

❶ 여자 구두는 30% 세일을 합니다. ( )

❷ 여행 가방도 세일을 합니다. ( )

❸ 여자 시계가 남자 시계보다 비쌉니다. ( )

2) 선물은 어디에서 줍니까?

____

CD 10-3

02 다음을 듣고 질문에 대답하십시오.

1) 여기는 어디입니까? ( )

❶ 옷 가게

❷ 신발 가게

❸ 가방 가게

❹ 화장품 가게

2) 이 여자는 왜 구두를 사지 않았습니까?

____

CD 10-4

03 다음을 듣고 맞으면 O, 틀리면 X 하십시오.

1) 색깔이 마음에 들지 않았습니다. ( )

2) 남자는 가벼운 가방을 좋아합니다. ( )

3) 가방은 100,000원이었습니다. ( )

세일 EN sale JP セール CH 减价、降价

여행 EN travel JP 旅行 CH 旅行

드리다 EN to give (honorific) JP 差し上げる CH 给（敬语）

다시 EN again JP もう一度 CH 再

사이즈 EN size JP サイズ CH 尺码、号码

층 EN floor of a building JP 階 CH 层

죄송하다 EN to be sorry JP 申し訳ない CH 抱歉

색깔 EN color JP 色 CH 颜色

문화

• 신발 사이즈

나라마다 신발 사이즈를 표시하는 방법이 다른데 한국은 mm로 표시한다. 미국의 6.5, 영국의 4, 프랑스의 36.5, 중국의 37, 일본의 23.5가 한국에서는 235mm이다.

제 11 과

동생에게 줄 지갑을 샀어요

- **학습 목표** 쇼핑 경험을 이야기할 수 있다.
- **어휘** 빨간색, 이게, 모자
  색깔 관련 어휘
- **문법** ㅎ 동사
  -는, -은, -을
- **과제** 쇼핑한 경험 말하기
  쇼핑한 이야기 읽고 쓰기
  쇼핑한 장소 이야기 듣고 말하기

1 여러분은 백화점에서 쇼핑을 합니까? 시장에서 쇼핑을 합니까?

2 왜 거기에서 쇼핑합니까?

CD 11-1,2

영주	어제 백화점에서 뭘 샀어요?
유리	동생에게 줄 지갑을 샀어요.
영주	또 뭘 샀어요?
유리	빨간색 모자를 샀어요.
영주	이게 어제 산 모자예요?

빨간색
EN red color
JP 赤色
CH 红色

모자
EN hat
JP 帽子
CH 帽子

이게
EN this
JP これが
CH 这是-

지갑을 [지가블]

어휘

빨간색
EN red
JP 赤色
CH 红色

노란색
EN yellow
JP 黄色
CH 黄色

초록색
EN green
JP 緑色
CH 草绿色

파란색
EN blue
JP 青色
CH 蓝色

보라색
EN violet / purple
JP 紫色
CH 紫色

하얀색
EN white
JP 白色
CH 白色

까만색
EN black
JP 黒色
CH 黑色

분홍색
EN pink
JP ピンク色
CH 粉红色

보기 와 같이 쓰십시오.

보기		초록색 가방
1)		
2)		
3)		
4)		
5)		

문법

1 ㅎ 동사

- 한국 생활이 어때요?
- 어떤 사람을 좋아해요?
- 노란 우산을 사겠습니다.
- 저는 파란색을 좋아합니다.

옷 가게에 갔습니다. 보기 와 같이 이야기하십시오.

하얗다 빨갛다 노랗다 그렇다 까맣다 어떻다

점원: 어서 오십시오.

손님: 보기 하얀은/ㄴ색 바지가 있어요? (하얗다)

점원: 여기 있습니다. 구경하세요.

손님: 1) ____________________은/ㄴ색 티셔츠도 있어요? (빨갛다)

점원: 아니요, 2) ____________________은/ㄴ색이 있어요. (노랗다)

손님: 그건 마음에 들지 않아요.

점원: 아, 3) ____________________어요/아요/여요? (그렇다)

그럼 이 4) ____________________은/ㄴ색(까맣다) 티셔츠는

5) ____________________어요/아요/여요? (어떻다)

손님: 네, 좋아요.

하얗다 EN to be white JP 白い CH 白
빨갛다 EN to be red JP 赤い CH 红
노랗다 EN to be yellow JP 黄色い CH 黄
까맣다 EN to be black JP 黒い CH 黑

2 -는, -은/ㄴ, -을/ㄹ

- 좋아하는 음식이 뭐예요?
- 지금 사는 곳이 어디예요?
- 내일은 회사에서 할 일이 많아요.
- 어제 저녁에 본 영화가 참 재미있었어요.

보기 와 같이 이야기하십시오.

보기 빨간색 티셔츠를 입은 사람이 마이클 씨예요. 책을 읽는 사람이 마이클 씨예요.

1) ______________________________.

2) ______________________________.

3) ______________________________.

4) ______________________________.

5) ______________________________.

과제 1 말하기

01 보기 와 같이 이야기하십시오.

보기

마이클: 유리 씨, 주말에 어디에 갔어요?

유 리: 선물을 사러 백화점에 갔어요.

마이클: 무슨 선물을 샀어요?

유 리: 부모님에게 드릴 지갑을 샀어요. 그리고 제 가방도 샀어요.

마이클: 이게 어제 산 가방이에요?

유 리: 네, 맞아요.

맞다 EN to be right JP 合う CH 对、合适

과제 2 읽고 쓰기

01 읽고 질문에 대답하십시오.

오늘 저는 샤오밍 씨와 명동에 갔습니다.

명동에 여러 가지 물건을 파는 가게가 많았습니다.

화장품 가게, 액세서리 가게, 옷가게가 많았습니다.

제가 좋아하는 것이 많아서 좋았습니다.

사람들도 많았습니다.

쇼핑을 하는 사람도 있고 사진을 찍는 사람도 있었습니다.

우리는 점심을 먹고 여기저기 구경했습니다.

고향 친구에게 줄 선물도 샀습니다.

샤오밍 씨는 신발을 사고 저는 화장품을 샀습니다.

재미있는 하루였습니다.

팔다 EN to sell JP 売る CH 卖
찍다 EN to photograph JP 撮る CH 拍(照片)
것 EN thing JP もの CH -的东西
여기저기 EN here and there JP あちこち CH 这里那里、到处

1) 명동에 무엇이 많았습니까?

____

2) 맞으면 O, 틀리면 X 하십시오.

❶ 저는 명동에서 샤오밍 씨를 만났습니다. ( )
❷ 저는 명동에서 사진을 찍는 사람을 봤습니다. ( )
❸ 우리는 선물을 사고 점심을 먹었습니다. ( )

3) 샤오밍 씨는 무엇을 샀습니까? ( )

❶ 화장품 ❷ 옷 ❸ 가방 ❹ 신발

02 **여러분 나라의 유명한 쇼핑 장소를 소개하십시오.**

과제 3 듣고 말하기

CD 11-3

01 다음을 듣고 맞으면 O, 틀리면 X 하십시오.

1) 슈테판 씨는 어제 쇼핑을 했습니다. ( )
2) 이태원에 큰 옷이 많지 않습니다. ( )
3) 슈테판 씨는 이태원에서 바지를 샀습니다. ( )

CD 11-4

02 다음을 듣고 질문에 대답하십시오.

1) 맞으면 O, 틀리면 X 하십시오.

❶ 두 사람은 오늘 백화점에 가겠습니다. ( )
❷ 오늘 수업은 2시에 끝납니다. ( )
❸ 마이클 씨는 동생에게 선물할 물건을 사겠습니다. ( )

2) 영주 씨는 무엇을 사겠습니까? ( )

❶ 화장품 ❷ 가방 ❸ 목걸이 ❹ 지갑

03 한국에서 쇼핑을 했습니까? 보기 와 같이 이야기하십시오.

보기

가: 어디에서 쇼핑을 자주 해요?
나: 백화점에 자주 가요.
가: 왜 거기에서 쇼핑해요?
나: 물건이 많아서 거기에서 자주 쇼핑해요.
가: 거기에서 산 물건은 뭐예요?
나: 이게 거기에서 산 신발이에요.

	친구 1	친구 2
어디에서 쇼핑을 자주 합니까?		
왜 거기에서 쇼핑합니까?		
거기에서 산 물건은 무엇입니까?		

이태원 EN Itaewon JP 梨泰院 CH 梨泰院(地名)

제 12 과

친구를 만나서 무엇을 했어요?

- **학습 목표** 주말에 한 일을 이야기할 수 있다.
- **어휘** 지나다, 종일, 식사
  주말 활동 관련 어휘
- **문법** -어서[2]
  만
- **과제** 주말 이야기 말하기
  주말 이야기 듣고 쓰기
  주말 여행 이야기 읽고 말하기

1 이 사람들은 무엇을 합니까?

2 여러분은 주말에 무엇을 합니까?

CD 12-1,2

지나다

EN to pass
JP 過ぎる（週、月などについて前の、先）
CH 过去

종일

EN all day long
JP 一日中/朝から晩まで
CH 整天

식사

EN meal
JP 食事
CH 用餐

슈테판 지난 주말에 뭘 했어요?

샤오밍 피곤해서 하루 종일 잠만 잤어요. 슈테판 씨는요?

슈테판 고향에서 온 친구를 만났어요.

샤오밍 친구를 만나서 무엇을 했어요?

슈테판 저녁 식사를 하고 영화를 봤어요.

식사 [식싸]

어휘

영화를 보다
EN to watch a movie
JP 映画を見る
CH 看电影

쇼핑을 하다
EN to go shopping
JP ショッピングをする
CH 买东西

운동을 하다
EN to exercise
JP 運動をする
CH 做运动

등산을 하다
EN to go hiking
JP 登山をする
CH 爬山

텔레비전을 보다
EN to watch television
JP テレビを見る
CH 看电视

여행을 하다
EN to travel
JP 旅行をする
CH 旅行

보기 와 같이 쓰십시오.

저는 오늘 아침에 공원에 갔습니다.

공원에서 달리기를 했습니다.

보기 운동을 하고 샤워를 했습니다.

저는 3시에 명동에서 친구를 만났습니다.

친구하고 같이 백화점에서 1) ______________________ 고 저녁을 먹었습니다.

저녁을 먹고 2) ______________________ 으러/러 극장에 갔습니다.

내일은 친구와 3) ______________________ 겠습니다.

학교 근처에 있는 산에 가겠습니다.

이번 방학에 오늘 만난 친구와 4) ______________________ 고 싶습니다.

일본에 가고 싶습니다.

문법

1 -어서/아서/여서²

- 선물을 사서 동생에게 주겠어요.
- 저는 날마다 도서관에 가서 숙제를 해요.
- 저는 어제 친구를 만나서 영화를 봤어요.
- 여기에 앉아서 기다리십시오.

맞는 것을 골라서 이야기를 완성하십시오.

보기

오늘은 리에 씨 남자 친구 생일입니다. 리에 씨는 남자 친구를 (**만나고**, **만나서**) 백화점에 갔습니다. 백화점에서 생일 선물과 케이크를 (**사고**, **사서**) 남자 친구에게 주었습니다. 그리고 생일 카드도 (**쓰고**, **써서**) 주었습니다. 점심을 (**먹고**, **먹어서**) 남자 친구와 농구를 보러 갔습니다. 농구를 (**보고**, **봐서**) 식당에 (**가고**, **가서**) 저녁을 먹었습니다. 리에 씨는 집에 (**오고**, **와서**) 숙제를 했습니다.

2 만

- 주말에 잠만 잤어요.
- 백화점에 가서 구경만 했어요.
- 저는 그 사람 이름만 알아요.
- 조금만 더 주세요.

보기 와 같이 이야기하십시오.

외국인 학생	O
한국 학생	X
학생	O
선생님	X
여자	O
남자	X
저녁 식사 (7시~9시)	O
아침, 점심 식사	X
침대, 책상	O
냉장고	X

보기
가: 기숙사에 한국 사람이 있어요?
나: 아니요, 외국 사람만 있어요.

1)
가: 선생님도 살아요?
나: 아니요, ______________________.

2)
가: 남자도 있어요?
나: 아니요, ______________________.

3)
가: 기숙사에서 아침을 줍니까?
나: 아니요, ______________________.

4)
가: 몇 시까지 저녁을 줍니까?
나: ______________________.

5)
가: 방 안에 무엇이 있어요?
나: ______________________.

과제 1 말하기

01 보기 와 같이 이야기하십시오.

보기

슈테판: 마이클 씨, 지난 주말에 무엇을 했어요?
마이클: 친구를 만나서 영화를 봤어요.
슈테판: 영화가 어땠어요?
마이클: 정말 재미있었어요.
슈테판: 영화를 보고 무엇을 했어요?
마이클: 서울 시내를 구경하고 같이 저녁을 먹었어요.
슈테판 씨는 무엇을 했어요?
슈테판: 저는 인사동에 가서 여기저기를 구경했어요.

시내 EN downtown JP 市内 CH 市内

과제 2 듣고 쓰기

CD 12-3

01 다음을 듣고 질문에 대답하십시오.

1) 마이클 씨는 누구와 같이 콘서트를 봤습니까? (　　　)

❶ 부모님　　❷ 선생님　　❸ 반 친구　　❹ 고향 친구

2) 콘서트가 어땠습니까?

____

3) 콘서트를 보고 어디에 갔습니까? (　　　)

❶ 집　　❷ 술집　　❸ 식당　　❹ 커피숍

CD 12-4

02 다음을 듣고 맞으면 O, 틀리면 X 하십시오.

1) 샤오밍 씨는 이번 주말에 일을 합니다. (　　　)

2) 샤오밍 씨는 지난 주말에 도서관에서 공부를 했습니다. (　　　)

3) 샤오밍 씨는 이번 주말에 반 친구들을 만나겠습니다. (　　　)

03 주말에 할 일을 쓰십시오.

토요일	일요일

콘서트 EN concert JP コンサート CH 演唱会
술집 EN bar / pub JP 飲み屋 CH 酒家、酒馆
나오다 EN to come out JP 出てくる CH 出来、出场
반 EN class JP クラス CH 班

과제 3 읽고 말하기

01 읽고 질문에 대답하십시오.

저는 지난 주말에 부모님과 제주도에 갔습니다.
우리는 오전 11시에 비행기를 탔습니다.
12시에 제주도 공항에 도착했습니다.
우리는 차를 빌려서 여기저기를 구경했습니다.
저녁을 먹고 호텔에 가서 쉬었습니다.
다음 날 아침에 일찍 일어나서 바닷가에서 산책을 했습니다.
바닷가가 깨끗하고 아름다웠습니다.
우리는 아침을 먹고 한라산에 갔습니다.
한라산은 공기도 좋고 경치도 아름다웠습니다.
우리는 오후 6시 비행기를 타고 서울에 왔습니다.
저는 이번 여행이 아주 좋았습니다.

도착하다 EN to arrive JP 到着する CH 到达
빌리다 EN to borrow / to rent JP 借りる CH 借、租
날 EN day JP 日 CH 天
바닷가 EN beach JP 海辺 CH 海边
차 EN car JP 車 CH 车
다음 EN next JP 次 CH 下一次
일찍 EN early JP 早く CH 早、提前

1) 제주도까지 얼마나 걸렸습니까?

____

2) 맞으면 O, 틀리면 X 하십시오.

❶ 택시를 타고 제주도를 구경했습니다. (　　)

❷ 바닷가가 깨끗하고 예뻤습니다 (　　)

3) 맞는 것을 고르십시오. (　　)

❶ 저는 주말에 친구들과 여행을 갔습니다.

❷ 우리는 바다에 가서 수영을 했습니다.

❸ 다음 날 일찍 일어나서 산책했습니다.

❹ 우리는 오전 11시 비행기를 타고 서울에 왔습니다.

02 친구들과 이야기하십시오.

	보기	친구 1	친구 2
어디에 여행을 갔습니까?	제주도		
누구와 같이 갔습니까?	반 친구		
무엇을 타고 갔습니까?	비행기		
무엇을 했습니까?	수영, 등산		

문화

• 제주도

제주도는 한국에서 가장 유명한 관광지이다. 제주도에는 바람, 여자, 돌이 많아서 삼다도라고 부른다. 제주도에는 아름다운 산과 바다가 있어서 사람들이 많이 간다.

제 13 과

볼링장은 너무 머니까 가지 맙시다

학습 목표	모임 장소를 제안할 수 있다.
어휘	다, 이제, 볼링장, 너무, 노래방 장소 관련 어휘
문법	-으니까 -지 말다
과제	모임 장소 제안하기 모임 이야기 읽고 쓰기 모임 장소 이야기 듣고 말하기

1 사람들이 무엇을 합니까?

2 여러분은 친구들을 만나서 어디에 갑니까?

CD 13-1,2

영 주 다 드셨어요?

샤오밍 네, 이제 어디로 갈까요?

영 주 볼링을 치러 가요.

샤오밍 볼링장은 너무 머니까 가지 맙시다.

영 주 그럼 가까운 노래방에 갈까요?

샤오밍 네, 좋아요.

좋아요 [조아요]

다
EN all
JP 全部
CH 都

이제
EN now
JP 今
CH 现在

볼링장
EN bowling alley
JP ボーリング場
CH 保龄球馆

너무
EN too
JP とても
CH 太

노래방
EN karaoke / singing room
JP カラオケ
CH KTV(练歌房)

어휘

노래방
EN karaoke/singing room
JP カラオケ
CH KTV(练歌房)

PC방
EN computer room
JP ＰＣルーム
CH 网吧

찜질방
EN Korean dry sauna
JP チムチルバン
CH 桑拿房

DVD방
EN DVD room
JP ＤＶＤルーム
CH 录像厅

오락실
EN arcade
JP ゲームセンター
CH 娱乐室(游戏厅)

볼링장
EN bowling alley
JP ボーリング場
CH 保龄球馆

연결하십시오.

	찜질방
	노래방
	볼링장
	PC방
	DVD방

문법

1 -으니까/니까

- 약속이 있으니까 다음에 만나요.
- 날씨가 추우니까 안에서 기다리세요.
- 여기는 비싸니까 다른 곳으로 갈까요?
- 사람들이 다 왔으니까 출발합시다.

무엇을 살까요? 보기 와 같이 이야기하십시오.

스마트폰	태블릿 PC	컴퓨터
50만원 → 30만원	68만원	80만원
인기가 많다 / 싸다	작다 / 가볍다	디자인이 예쁘다 / 빠르다

보기 인기가 많으니까 스마트폰을 사세요.

1) ______________________________.

2) ______________________________.

3) ______________________________.

4) ______________________________.

5) ______________________________.

2 -지 말다

- 사진을 찍지 마십시오.
- 도서관에서 떠들지 마세요.
- 오늘은 바쁘니까 만나지 맙시다.
- 주말에는 교통이 복잡하니까 가지 맙시다.

수업 시간입니다. 보기 와 같이 이야기하십시오.

보기 수업 시간에 음악을 듣지 마세요.

1) ______________________________.

2) ______________________________.

3) ______________________________.

4) ______________________________.

5) ______________________________.

과제 1 말하기

01 보기 와 같이 이야기하십시오.

보기

마이클: 다 드셨어요?
유　리: 네, 이제 무엇을 할까요?
마이클: 날씨가 좋으니까 공원에서 산책을 합시다.
유　리: 오늘은 좀 피곤하니까 가지 맙시다.
마이클: 그럼 커피를 마시러 갈까요?
유　리: 네, 좋아요.

볼링장

노래방

공원

커피숍

과제 2 읽고 쓰기

01 읽고 질문에 대답하십시오.

지난 토요일에 우리 반 모임이 있었습니다.

우리는 학교 앞에서 만났습니다.

마이클 씨가 늦어서 10분쯤 기다렸습니다.

우리는 마이클 씨가 잘 아는 식당에 갔습니다.

돼지갈비하고 냉면을 먹었습니다.

저는 배가 고파서 많이 먹었습니다.

식사를 하고 가까운 노래방에 갔습니다.

노래도 하고 춤도 추었습니다.

노래방에서 나와서 커피숍에 갔습니다.

밤 11시까지 이야기를 했습니다.

정말 재미있었습니다.

모임 EN meeting JP 集まり CH 聚会
돼지갈비 EN pork rib JP 豚カルビ CH 猪排骨
고프다 EN to be hungry JP (お腹が)すく CH 饿
추다 EN to dance JP 踊る CH 跳(舞)
늦다 EN to be late JP 遅い CH 晚、迟
배 EN stomach JP お腹 CH 肚子
춤 EN dance JP ダンス CH 舞蹈

1) 맞으면 O, 틀리면 X 하십시오.

❶ 지난 토요일에 반 친구들을 만났습니다. (　　)

❷ 우리는 학교 앞에서 만났습니다. (　　)

❸ 우리는 불고기를 먹었습니다. (　　)

2) 맞는 것을 고르십시오. (　　)

❶ 우리는 모두 일찍 왔습니다.

❷ 저는 배가 고프지 않았습니다.

❸ 노래방은 멀지 않았습니다.

❹ 밤 열 시에 집에 돌아갔습니다.

3) 오늘 어디에 갔습니까? 쓰십시오.

학교 앞	→		→
	→		→
집			

02 모임 이야기를 쓰십시오.

과제 3 듣고 말하기

CD 13-3

01 **다음을 듣고 맞으면 O, 틀리면 X 하십시오.**

1) 이번 주에 한국어 수업이 끝납니다. ( )

2) 학교 앞에 있는 서울식당은 큽니다. ( )

3) 연세식당 아주머니는 친절합니다. ( )

CD 13-4

02 **다음을 듣고 질문에 대답하십시오.**

1) 찜질방이 어떻습니까? 쓰십시오.

____

2) 맞으면 O, 틀리면 X 하십시오.

❶ 두 사람은 찜질방에서 저녁을 먹겠습니다. ( )

❷ 두 사람은 옷과 수건을 준비하겠습니다. ( )

❸ 두 사람은 이번 주말에 찜질방에 가겠습니다. ( )

아주머니 EN middle aged lady JP おばさん CH 大妈 **수건** EN towel JP タオル CH 毛巾

03 모임 계획을 세우고 보기 와 같이 이야기하십시오.

우리반 모임

7월 10일 금요일 오후 5시

학교 앞 식당

저녁 식사 ➡ 술집 ➡ 노래방

보기

가: 우리 반 모임을 언제 할까요?

나: 금요일이 어때요? 오후 5시쯤 만납시다.

가: 어디에서 만날까요?

나: 학교 앞에 있는 식당이 어때요?
깨끗하고 음식도 맛있어요.

가: 식사를 하고 어디에 갈까요?

나: 식당 옆에 있는 술집에 갑시다.
값도 싸고 친절해요.

가: 좋아요. 식사를 하고 노래방에도 갑시다.

〈__________ 모임〉

문화

• 한국의 방

한국은 옛날부터 여자들의 공간인 안방, 손님을 맞이하는 사랑방 등 다양한 방 문화가 발달하였다. 전통 방 문화는 현대 사회에서 편안한 방에서 여럿이 함께 무엇인가를 즐길 수 있는 방 문화로 발달하였다. 찜질방, 노래방, 보드게임방, PC방, DVD방 등이 대표적이다.

제 14 과

지금 통화할 수 있어요?

- **학습 목표** 전화로 이야기할 수 있다.
- **어휘** 여보세요, 핸드폰, 통화하다, 전화번호
  통화 관련 어휘
- **문법** -지요?
  - 을 수 있다
- **과제** 전화번호 묻기
  전화 이야기 읽고 쓰기
  전화 이야기 듣고 말하기

1 여러분은 전화를 자주 합니까?

2 여러분은 누구에게 전화를 합니까?

CD 14-1,2

영　주　여보세요? 슈테판 씨 핸드폰이지요?

슈테판　네, 맞습니다.

영　주　저는 김영주예요. 지금 통화할 수 있어요?

슈테판　네. 무슨 일이에요?

영　주　유리 씨 전화번호를 알아요?

슈테판　네. 010 - 1234 - 5678입니다.

여보세요
EN Hello?
JP もしもし
CH 喂

핸드폰
EN cellphone
JP 携帯電話
CH 手机

통화하다
EN to talk on the phone
JP 通話する
CH 通话

전화번호
EN telephone number
JP 電話番号
CH 电话号码

번호　[버노]
무슨 일　[무슨닐]

어휘

전화를 걸다
EN to dial a number
JP 電話をかける
CH 打电话

전화를 받다
EN to answer the phone
JP 電話にでる
CH 接电话

통화하다
EN to talk on the phone
JP 通話する
CH 通话

전화를 끊다
EN to hang up the phone
JP 電話を切る
CH 挂电话

통화 중이다
EN to be in the middle of a phone conversation
JP 通話中だ
CH 通话中

잘못 걸다
EN to dial the wrong number
JP 間違ってかける
CH 打错电话

보기 와 같이 알맞은 단어를 쓰십시오.

저는 유리 씨에게 보기 전화를 걸었습니다.

전화를 받은 사람은 유리 씨가 아니었습니다.

다른 사람이 받았습니다.

저는 "미안합니다. 제가 전화를 1) ____________________." 말했습니다.

저는 다시 전화를 했습니다.

이번에는 2) ____________________.

그래서 조금 기다리고 다시 전화를 했습니다.

이번에는 유리 씨가 3) ____________________.

유리 씨와 저는 삼십 분쯤 4) ____________________.

문법

1 -지요?

- 날씨가 덥지요?
- 리에 씨가 한국말을 잘 하지요?
- 이 문법을 어제 배웠지요?
- 지난주에 본 시험이 어려웠지요?

보기 와 같이 이야기하십시오.

보기 이 사람이 유리 씨지요?

1) ____________________?

2) ____________________?

3) ____________________?

4) ____________________?

5) ____________________?

2 -을/ㄹ 수 있다

- 저는 수영을 할 수 있어요.
- 한국 음식을 만들 수 있어요.
- 시끄러워서 잘 수 없어요.
- 오늘은 바빠서 갈 수 없어요.

여러분은 무엇을 할 수 있습니까? 보기 와 같이 이야기하십시오.

	할 수 있어요.	할 수 없어요.
한국 음식	보기 저는 김치찌개를 만들 수 있어요.	1) ______
한국 노래	2) ______	3) ______
운동	4) ______	5) ______

과제 1 말하기

01 **보기** 와 같이 이야기하십시오.

> **보기**
>
> **샤오밍:** 여보세요? 마이클 씨 핸드폰이지요?
>
> **마이클:** 네, 맞습니다. 실례지만 누구세요?
>
> **샤오밍:** 샤오밍입니다. 지금 통화할 수 있어요?
>
> **마이클:** 네, 괜찮아요. 무슨 일이에요?
>
> **샤오밍:** 죄송하지만 선생님 전화번호를 알 수 있어요?
>
> **마이클:** 네, 잠깐만 기다리세요.
> 선생님 전화번호는 010-1364-2938입니다.

슈테판	010 - 2387 - 4506
유 리	010 - 4808 - 2134
영 주	02 - 674 - 3405

실례하다 EN to be impolite/to excuse JP 失礼する CH 失礼、不好意思　　**괜찮다** EN to be all right JP 大丈夫だ CH 没关系

과제 2 읽고 쓰기

01 읽고 질문에 대답하십시오.

저는 어제 핸드폰을 샀습니다.

오늘 처음 전화가 왔습니다.

모르는 번호였습니다.

저는 한국말을 잘 할 수 없어서 전화를 받지 않았습니다.

다시 전화가 왔습니다.

같은 전화번호여서 전화를 받았습니다.

남자가 빨리 말했습니다.

저는 이해할 수 없었습니다.

그래서 "죄송합니다. 저는 외국인입니다." 말하고 전화를 끊었습니다.

한국말로 이야기하고 싶었지만 할 수 없었습니다.

한국말을 배워서 다음에는 한국말로 통화하고 싶습니다.

모르다 EN to do not know JP 知らない CH 不知道
이해하다 EN to understand JP 理解する CH 理解
번호 EN number JP 番号 CH 号码

1) 맞으면 O, 틀리면 X 하십시오.

❶ 이 사람은 오늘 핸드폰을 샀습니다. (　　)

❷ 이 사람은 오늘 처음 전화를 받았습니다. (　　)

❸ 이 사람은 한국말을 빨리 할 수 있습니다. (　　)

2) 이 사람은 왜 처음에 온 전화를 받지 않았습니까? (　　)

❶ 피곤했습니다.　　❷ 바빴습니다.

❸ 아팠습니다.　　❹ 한국말이 어려웠습니다.

3) 이 사람은 남자에게 무슨 말을 했습니까?

____

02 한국말로 전화한 이야기를 쓰십시오.

과제 3 듣고 말하기

CD 14-3

01

다음을 듣고 질문에 대답하십시오.

1) 이 남자는 몇 번에 전화하고 싶었습니까?

____

CD 14-4

02

다음을 듣고 질문에 대답하십시오.

1) 맞으면 O, 틀리면 X 하십시오.

❶ 샤오밍 씨는 전화를 잘못 걸었습니다. (　　)

❷ 샤오밍 씨는 바빠서 학교에 갈 수 없습니다. (　　)

2) 김 선생님 전화번호는 몇 번입니까?

____

CD 14-5

03

다음을 듣고 맞으면 O, 틀리면 X 하십시오.

1) 마이클은 백화점 전화번호를 물었습니다. (　　)

2) 백화점 전화번호는 02-3145-2233입니다. (　　)

3) 백화점은 오전 10시에 문을 엽니다. (　　)

04

친구와 이야기하십시오.

1) 오늘 학교에 안 온 슈테판에게 전화를 합니다.

2) 선생님께 전화를 걸어서 시험 날짜를 묻습니다.

3) 114에 전화해서 연세대학교 전화번호를 묻습니다.

한국어학당 EN Korean Language Institute JP 韓国語学堂 CH 韩国语学堂
돕다 EN to help JP 手伝う CH 帮助
닫다 EN to close JP 閉める CH 关闭
날짜 EN date JP 日付 CH 日期
열다 EN to open JP 開ける CH 打开

제 15 과

3주 동안 정말 즐거웠습니다

- **학습 목표** 소감을 말할 수 있다.
- **어휘** 생활, 아직, 계속, 열심히
  감정 관련 어휘
- **문법** 동안
  못
- **과제** 한국 생활 이야기하기
  한국 생활 이야기 듣고 말하기
  소감 읽고 반 친구들에게 편지 쓰기

1 한국 생활이 어떻습니까?

2 한국에 와서 무엇을 했습니까?

CD 15-1,2

선생님 한국 생활이 어땠어요?

샤오밍 3주 동안 정말 즐거웠습니다.

선생님 한국말을 많이 배웠어요?

샤오밍 네, 하지만 아직 잘 못해요.

선생님 한국말을 계속 공부하세요.

샤오밍 네, 열심히 하겠습니다.

생활
EN life
JP 生活
CH 生活

아직
EN yet
JP まだ
CH 还

계속
EN continuously
JP ずっと
CH 继续

열심히
EN diligently
JP 一所懸命/熱心に
CH 认真地

한국말 [한궁말]
열심히 [열씨미]

어휘

기쁘다
EN to be joyful
JP 嬉しい
CH 高兴

즐겁다
EN to be merry
JP 楽しい
CH 愉快

행복하다
EN to be happy
JP 幸せだ
CH 幸福

화가 나다
EN to be angry
JP 腹が立つ
CH 生气

무섭다
EN to be afraid
JP 怖い
CH 害怕

슬프다
EN to be sad
JP 悲しい
CH 伤心

보기 와 같이 알맞은 단어를 쓰십시오.

저는 한국말을 배우러 한국에 왔어요.

처음에는 한국말을 할 수 없어서 밖에 나가는 것이 보기 무서웠어요~~었어요/았어요/였어요.~~

하지만 지금은 한국 생활이 1) ________________ 어요/아요/여요.

저는 내일 고향에 가요. 그래서 어제 친구들과 같이 파티를 했어요.

친구가 약속 시간에 많이 늦어서 조금 2) ________________ 었어요/았어요/였어요.

우리는 노래방에 가서 노래도 하고 춤도 췄어요. 기분이 아주 좋았어요.

선물도 받아서 참 3) ________________ 었어요/았어요/였어요.

하지만 내일부터 친구들을 만날 수 없어서 좀 4) ________________ 어요/아요/여요.

문법

1 동안

- 어제 2시간 동안 운동했어요.
- 한 달 동안 한국말을 공부했어요.
- 방학 동안 여행을 하겠습니다.
- 일이 많아서 이틀 동안 잠을 못 잤어요.

제니 씨는 무엇을 했습니까? 보기 와 같이 이야기하십시오.

가수 제니

한국말 공부	2003년 ~ 2006년
노래 준비	2007년 ~ 2008년
가수 생활	2009년 2월 ~ 2009년 8월
미국 여행	2009년 10월 ~ 2009년 11월
콘서트	2009년 12월 ~ 2010년 1월
영화배우	2010년 ~ 2011년

보기

가: 얼마 동안 한국말을 공부했습니까?

나: 3년 동안 한국말을 공부했습니다.

1) ______________________________.

2) ______________________________.

3) ______________________________.

4) ______________________________.

5) ______________________________.

2 못

- 시간이 없어서 못 갔어요.
- 떡볶이가 매워서 못 먹겠어요.
- 시험을 잘 못 봤어요.
- 저는 운전을 잘 못해요.

마이클 씨는 무엇을 못 합니까? 보기 와 같이 이야기하십시오.

보기

마이클

보기 마이클 씨는 매운 음식을 못 먹어요.

1) ______________________________.

2) ______________________________.

3) ______________________________.

4) ______________________________.

5) ______________________________.

과제 1 말하기

01 **보기** 와 같이 이야기하십시오.

보기

마이클: 한국 생활이 어땠어요?
유 리: 한 달 동안 정말 재미있었어요.
마이클: 한 달 동안 무엇을 하셨어요?
유 리: 한국말도 배우고 한국 요리도 배웠어요.
마이클: 한국말을 잘 해요?
유 리: 아니요, 단어와 문법이 어려워서 아직 잘 못해요.

요리 EN cooking JP 料理 CH 料理、菜
문법 EN grammar JP 文法 CH 语法
단어 EN word JP 単語 CH 单词

과제 2 듣고 말하기

CD 15-3

01 다음을 듣고 질문에 대답하십시오.

1) 마이클 씨는 얼마 동안 한국에 있었습니까?

____

2) 맞으면 O, 틀리면 X 하십시오.

❶ 마이클 씨는 한국 생활이 재미있었습니다. (　　)

❷ 마이클 씨는 바쁘지만 친구들과 반 모임을 자주 했습니다. (　　)

CD 15-4

02 다음을 듣고 질문에 대답하십시오.

1) 샤오밍 씨는 얼마 동안 한국말을 배웠습니까? (　　)

❶ 한 달　❷ 두 달　❸ 세 달　❹ 네 달

2) 맞으면 O, 틀리면 X 하십시오.

❶ 샤오밍 씨는 바빠서 한국 요리를 배우지 못했습니다. (　　)

❷ 샤오밍 씨는 고향에서 한국말을 계속 공부하겠습니다. (　　)

03 보기 와 같이 이야기하십시오.

보기

가: 한국 생활이 어땠어요?
나: 정말 재미있었어요.
가: 무엇을 했어요?
나: 제주도 여행도 가고 태권도도 배웠어요.
가: 무엇을 못 했어요?
나: 한국 요리를 배우고 싶었지만 하지 못했어요.
가: 왜 못 했어요?
나: 시간이 없어서 배울 수 없었어요.

질문	친구 1	친구 2
한국 생활이 어땠어요?		
무엇을 했어요?		
무엇을 못 했어요?		

제일 EN best / most JP 一番 CH 最
연락하다 EN to contact JP 連絡する CH 联系
그동안 EN meanwhile JP 今まで CH 那期间

과제 3 읽고 쓰기

01 **읽고 질문에 대답하십시오.**

저는 4주 전에 한국에 왔습니다.
한국에 와서 처음 한국말을 배웠습니다.
한국말 공부가 재미있었지만 어려웠습니다.
하지만 반 친구들이 저를 많이 도와주었습니다.
선생님께서도 잘 가르쳐 주셨습니다.
그래서 3주 동안 한국말 공부가 재미있었습니다.
저는 수업이 끝나고 친구들과 즐거운 시간을 보냈습니다.
친구들과 영화도 보고 맛있는 음식도 많이 먹었습니다.
그리고 노래방에도 자주 갔습니다.
지난 주말에는 친구들과 제주도에 갔습니다.
제주도는 아주 아름다웠습니다.
한 달 동안 정말 즐거웠습니다.
선생님과 친구들을 다시 만나고 싶습니다.

1) 나는 얼마 동안 한국말을 배웠습니까? (　　)

❶ 2주　❷ 3주　❸ 4주　❹ 5주

2) 맞으면 O, 틀리면 X 하십시오.

❶ 한국말 공부가 어려워서 재미없었습니다. (　　)
❷ 나는 수업이 끝나고 날마다 도서관에 가서 공부했습니다. (　　)
❸ 나는 친구들과 함께 여행을 갔습니다. (　　)

전 EN before JP 前 CH 前

02 같이 공부한 반 친구들에게 편지를 쓰십시오.

사랑하는 친구에게

년 월 일

3주완성

연세 한국어

연세대학교 한국어학당 편

2 부록

1. 번역 (영어 · 일본어 · 중국어)
2. 문법 활용연습
3. 듣기 지문
4. 모범 답안
5. 색인

연세대학교 출판문화원

3주완성 연세 한국어

연세대학교 한국어학당 편

2 부록

1. 번역 (영어 · 일본어 · 중국어)
2. 문법 활용연습
3. 듣기 지문
4. 모범 답안
5. 색인

연세대학교 출판문화원

Preface

Having the highest reputation in Korean language education for more than 50 years, the Korean Language Institute of the Yonsei University Language Research and Education Center has compiled a large quantity of textbooks to enhance the quality of the Korean Language Education.

With the recent rise of the 'Korean Wave', the Korean culture is now spreading beyond the region of Asia to America and Europe and all over the world. As a result, the interest and demand to learn the Korean language is increasing. In the past, the students of Korean language education were mostly overseas Koreans and some foreigners, but now there is a growing tide of Korean language learners with different objectives and requests. For this reason, the demands of the learners for textbooks have also become diverse.

Over the years, the Yonsei University Language Research and Education Center Korean Language Institute has continuously developed and published textbooks that met the objectives and demands of many different learners such as those with goals for employment or further studies as well as the children of overseas Koreans. This textbook 'Yonsei Korean in 3 Weeks 2' was published for the learners who desire to learn the Korean language through a 60 hour course. It introduces essential vocabulary, grammar, and Korean culture and ways of thinking with interesting topics for foreigners to expand their understanding of Korea and the Korean language. It also includes a variety of tasks in order to develop balanced skills in vocabulary, grammar, listening, speaking, writing, and reading

The objective of learning a language is to increase communication skills as well as understand the society and culture of the targeted language. We are confident that this textbook will be very helpful to learners who seek to learn the Korean language and culture in a short amount of time. We believe it will also play a large role in the overall development of Korean language textbooks.

We hope that this textbook 'Yonsei Korean in 3 Weeks 2' will be a great help to not only the learners studying at the Korean Language Institute of the Yonsei University Language Research and Education Center, but to all learners in Korea and around the world who want to learn the Korean language and culture within a short period of time. The Textbook Compilation Committee at the Yonsei University Language Research and Education Center Korean Language Institute will continue to do our best to meet the requests and expectations of learners in the future.

Yonsei University Language Research and Education Center
Korean Language Institute Textbook Compilation Committee

はじめに

50年以上を韓国語教育に邁進してきた延世大学校韓国語学堂は、韓国内最高の歴史と名声にふさわしくこれまでに多くの韓国語教材の編纂と関連研究をしてきたことで韓国語教育を先導してきた。

特に最近では停滞していた韓流がアジア地域だけにとどまらず、アメリカ地域やヨーロッパ至るまで全世界に拡散されながら韓国と韓国文化が世界に伝わり、これによって韓国語に対する関心と需要も増えている。以前は海外同胞や一部の外国人を中心に行われてきた韓国語教育が、今では多様な目的と要求を持つ学習者を対象に拡大の傾向にあり教材に対する需要もこれとともに多様になってきている。

延世大学校韓国語学堂はこれまで一般の目的の韓国語学習者だけではなく職業目的の学習者、学問目的の学習者、海外同胞の子女など多様な対象の目的と需要に合わせた教材を持続的に開発、出版してきた。今回出版する'3週完成延世韓国語2'は60時間用教材で短期間で韓国語を学ぼうとする学習者を対象に作った教材だ。よって外国人が興味を持っているテーマを中心に必須語彙や文法、文化や考え方を紹介することで韓国語と韓国についての理解を広げることに努めた。特にこの教材は語彙力や文法理解力および話す、聞く、書く、読むの領域をバランス良く向上させることができるように多様な課題を含むことによって学習効果を高めようと構成した。

言語教育は目標語を通じたコミュニケーション能力の向上とともに目標言語の社会や文化を理解させるのにその目的がある。この教材は短い期間に韓国語を学び韓国文化を知ろうとする学習者に大いに役に立つと確信し、韓国語教材の発展にも大きな役割を担うだろうと思う。

'3週完成延世韓国語2'が延世大学校言語研究教育院韓国語学堂で学習する学習者たちだけではなく韓国内、国内で短期間で韓国語と韓国文化を学びたい多くの学習者たちに役立つことを願い、延世大学校言語研究教育院韓国語学堂教材編纂委員会は今後も学習者の要求と期待に応える教材開発のために最善を尽くしたい。

延世大学校言語研究教育院
韓国語学堂教材編纂委員会

前言

有着50年以上韩国语教育历史的延世大学韩国语学堂，与其悠久的历史及盛名相符，曾编写了各类韩国语教材并做了不少相关研究，引领着韩国语教育的发展。

最近，曾停滞一时的韩流风潮开始逐渐超出亚洲范围，扩散到了美洲、欧洲等世界各地，韩国及韩国文化在世界范围内得到了广泛传播，与之相连的，大家对韩语的兴趣和需求也在慢慢的增加。以前主要以海外同胞和一部分外国人为中心的韩国语教育，现在逐渐有了以持有各种目的和要求的学习者为对象的扩大化趋势，因此对教材的需求也开始变得多样化起来。

延世大学韩国语学堂在此期间不仅针对一般的韩国语学习者，还针对有求职需求的学习者，有升学目的的学习者，海外同胞的子女等有着各种各样目的及需求的学习对象，持续不断地开发、出版了各类教材。本次出版的'3周速成延世韩国语2'作为60学时用教材，是针对短期韩国语学习者而编写的教材。主要以外国人感兴趣的主题为中心，介绍了必要的词汇、语法、文化和思维方式，以便加深学习者对韩国语及韩国的理解。尤其是本教材为了使学习者的词汇能力、语法理解力和听说读写各能力得到均衡的发展，加入了多样化的练习，以确保学习效果的提高。

语言教育的目标是为了通过目的语来提高交际能力，并理解使用这种目的语的社会和文化。本教材能够对短时间内学习韩国语并想了解韩国文化的学习者提供很多的帮助，并为韩国语教材的发展承担起自己的一份责任。

'3周速成延世韩国语2'不仅适用于延世大学语言研究教育院韩国语学堂的学习者，也适用于国内、国外短期内学习韩国语和韩国文化的所有学习者，希望为他们提供很大的帮助。延世大学语言研究教育院韩国语学堂教材编写委员会今后将不负学习者的要求和希望，为教材的开发贡献自己最大的力量。

延世大学语言研究教育院
韩国语学堂教材编写委员会

Introduction

- The ‘Yonsei Korean in 3 Weeks 2’ was written for the foreigner and overseas Korean students who seek to learn the Korean language within a short amount of time. As a textbook for beginners, this was written to help the learner have a wider understanding of Korea with the necessary lessons in vocabulary, grammar, culture, and way of thinking.

- Five characters appear in the ‘Yonsei Korean in 3 Weeks 2’ and the 15 lessons consist of dialogues about the everyday life of these characters.

- Each chapter of this textbook includes a chapter title, objective, illustration and introductory questions, dialogue, pronunciation, vocabulary words, grammar, tasks and culture.

- The chapter title for each lesson is an important sentence taken from the chapter dialogue.

- The objective for each chapter presents a communication skill and task necessary to learn in order to motivate the learner and help promote a clearer understanding of the chapter.

- The main dialogue of each chapter was created with the intention to make it the most typical and representative type of dialogue concerning a targeted theme. Each dialogue is made up of 4-6 sentences with 2-3 turns of dialogue. An illustration and a couple of questions come before the dialogue to help the learner become interested in the content of the conversation.

- Words from the dialogue that need special attention with pronunciation are presented separately to help the learner practice the words with accurate pronunciation.

- The main chapter dialogues are presented in English, Japanese, and Chinese to help the learner easily understand the context and content of the dialogue.

- The selected vocabulary words for the theme of each chapter that the learner must know are presented with illustrations to help with understanding meaning. There are 276 words presented in 'Yonsei Korean in 3 Weeks 2.'

- The grammar and sentence pattern lessons that come from each chapter's main dialogue are explained in the learner's native language. Following that, the example sentences are in Korean and are translated into the native language of the learner. After the grammar presentation, practice questions are included to help the learner check what he or she has learned.

- There are 3 tasks for each chapter which are consistent with the communication skill presented in the chapter objective. The tasks adequately address the four skills of speaking, listening, reading, and writing, and for the beginner stage, a greater emphasis is made on speaking and listening.

- The culture section that pertains to the theme of the chapter and helps in understanding the Korean language includes an explanation and photograph or drawing.

- The sample answers present the answers to the vocabulary and grammar practice. When needed, sample answers to the tasks are also illustrated.

- In the index of vocabulary and grammar, the new vocabulary, including the vocabulary related to themes, and grammar lessons are organized in Korean alphabetical order.

- As a supplement, translation, grammar practice, listening script, sample answers and index are provided for the learner's confirmation of the chapter's contents and self-study of the targeted grammar lessons.

凡例

- ‘3週完成延世韓国語2’は短期間に韓国語を学ぼうとする外国人および在外同胞の学習者のための初級段階の教科書で、初級段階で必ず知らなくてはてはいけないテーマを中心に扱い、これといっしょに必須の語彙や文法、考え方を紹介しながら韓国についての理解を広げようとしている。

- ‘3週完成延世韓国語2’は5名の主要人物が登場し、登場人物の日常生活を中心に本文の会話内容を15の課で構成した。

- 本教材は課名、学習目標、イラストと導入質問、会話、発音、語彙、文法、課題、文化で構成されている。

- 各課のタイトルは本文の会話内容の中の主要な文章で示した。

- 各課の目標は該当の課で学習しなくてはならないコミュニケーション機能や課題を中心に示し、学習者たちの学習動機を誘発し、課に対する理解を促進させるのに役立つようにした。

- 本文の会話は各課のテーマに関連した一番典型的で代表的な会話の状況を設定しようと努力し、4~6つの文章、2組~3組の会話で構成した。会話の前にはテーマに関連したイラストと質問を入れ学習者たちが会話内容に興味をもって接することができるよう誘導した。

- 会話で注意しなくてはならない発音は別に示し正確な発音を練習できるようにした。

- 本文の会話内容を英語、日本語、中国語で示し、学習者が会話の脈絡や状況および内容を易しく理解できるようにした。

- 語彙は各課のテーマ別に必ず知らなくてはならない語彙を選定して示し、関連イラストとをいっしょに示して意味を簡単に理解できるようにした。'3週完成延世韓国語2'で示した単語は276語である。

- 文法は各課に示した重要な文法や文型の意味や用法を学習者の母国語で説明するとともに、韓国語と学習者の母国語で翻訳された例文を示した。文法提示のあとには練習問題を付け加え勉強した内容を学習者が点検できるようにした。

- 課題は学習目標で示したコミュニケーション機能に一致するもので各課ごとに３つずつ示した。課題は話す、聞く、読む、書くの4機能を適切に行えるように提示し、初級課程で要求される話す、聴くの比重を高く構成した。

- 文化は課のテーマに関連し韓国語を理解するのに役に立つ場合に文化コンテンツを説明、写真、絵などを通じて示した。

- 模範答案は語彙や文法練習の模範答案を示し、必要な場合、課題の模範答案も例示した。

- 語彙と文法索引では各課で扱われた本文の新出単語、テーマに関連した語彙や主要文法をそれぞれカナタ順で整理して示した。

- 付録で翻訳、文法活用練習、聞取りスクリプト, 模範答案と索引をもうけ、学習者が該当の課の内容が確認できるようにするとともに目標文法を自習することができるようにした。

凡例

- ‘3周速成延世韩国语2’是为了给在短时间内学习韩语的外国人及侨胞学习者而编写的初级阶段教材。教材以初级阶段必须掌握的主题为中心，包括了该阶段必须的词汇和语法，并通过对文化和思维方式的介绍来加深学生对韩国的了解。

- ‘3周速成延世韩国语2’中有5名主要人物登场，对话内容皆以这7名人物的日常生活为中心而展开，来组成15篇课文。

- 本教材以题目、学习目标、插话及导入问题、对话、发音、词汇、语法、课堂练习，还有文化构成。

- 每课的题目是课文对话内容中的一个重要句子。

- 每课的目标展示的是学习者在该课所应该掌握的交际技能以及课堂练习，来诱发学习者的学习动机，帮助促进对课文的理解。

- 课文对话致力于设定与每课主题相关的最为典型、最具代表性的对话情景，一般由4~6个句子，即2组~3组对话构成。在对话前面加入题目及相关的插话和提问，可以使学习者对对话内容产生兴趣。

- 将对话中应该注意的发音另外加以展示，可以使学习者练习正确的发音。

- 将课文对话的内容加入英语、日语、汉语翻译，可以帮助学习者更容易地掌握对话的脉络、情况及内容。

- 词汇部分的设定，一般是各课的主题下所必须掌握的词汇，配上相关的插话，可以帮助学习者更容易地理解其意思。'3周速成延世韩国语2'中共有276个单词。

- 语法部分，将各课对话中所包含的重要语法或句型的意思及用法，用学习者的母语进行说明，并同时给出韩语例子及学习者的母语翻译。在语法说明之后加上相应的练习，可以帮助学习者对所学内容进行检验。

- 课堂练习部分，与学习目标中所提出的交际技能想呼应，每课共有3项练习。练习部分注重听、说、读、写四种技能的训练，并与初级课程的要求相配合，侧重于听和说的练习。

- 文化部分主要是与各课主题相关的，能帮助理解韩语的内容，包括文化内容的说明、照片、图片等。

- 标准答案部分主要是给出了词汇及语法练习的答案，必要时也包括了课堂练习标准答案。

- 词汇与语法索引部分，对每课出现的课文新词汇、与主题相关的词汇及主要语法项目以'가나다'的顺序进行整理展示。

- 附录包括翻译、语法练习、听力原文、标准答案和索引，以便学习者能够确认相应单元的内容，同时也能够对目标语法进行自学。

Contents Map

Chapter	Title	Task	Vocabulary	Grammar
1	I am a company worker.	Task 1 Talk about your job Task 2 Listen to self introductions and speak Task 3 Read self introductions and write	Vocabulary related to jobs	-입니다, -입니까? -습니다, -습니까?
2	How long does it take from your house to school?	Task 1 Talk about the way to get to school Task 2 Listen to a dialogue about transportation and speak Task 3 Read a story about transportation and write	Vocabulary related to modes of transportation	으로 에서 ~까지
3	Please stop in front of the department store over there.	Task 1 Get into a taxi and say where you want to go Task 2 Read about the location of items and write Task 3 Listen to a dialogue in a taxi car	Vocabulary related to location	-읍시다 -어 주다
4	It's raining and the wind is blowing.	Task 1 Talk about the weather Task 2 Read about seasons and write Task 3 Listen to something about the weather and speak	Vocabulary related to the weather	-고[1] 보다
5	It's spicy but delicious.	Task 1 Talk about a food you like Task 2 Read and speak about a food you like Task 3 Listen to a story about famous hometown food and write	Vocabulary related to taste	-어서[1] -지만
6	Would you like to eat here?	Task 1 Order a variety of food Task 2 Read the menu and write Task 3 Listen to someone ordering food and speak	Honorific expressions	-으시- -겠-
7	Let's go to buy it together, later	Task 1 Prepare a party Task 2 Read about birthdays and write Task 3 Listen to something about birthdays and speak	Vocabulary related to birthdays	-을까요?, -으십시오 -으러

Chapter	Title	Task	Vocabulary	Grammar
8	I go swimming about twice a week.	Task 1 Talk about a sport you enjoy playing Task 2 Read and write about a sport you like Task 3 Listen to a story about a sport that home town people like and speak	Vocabulary related to sports	-고[2] 에 ~쯤
9	I did my homework and listened to music as well.	Task 1 Talk about what you did yesterday Task 2 Listen to what things were done and speak Task 3 Read the journal and write	Vocabulary related to daily life	-었- ㄷ 동사
10	You don't have any longer pants than these, do you?	Task 1 Buy an item at the store Task 2 Read and write a story about shopping Task 3 Read a story about buying things and listen	Descriptive verbs	-은 ㄹ 동사
11	I bought a wallet to give to my younger brother.	Task 1 Talk about a shopping experience Task 2 Read and write about a shopping story Task 3 Listen to a story about a place of shopping and speak	Vocabulary related to colors	ㅎ 동사 -는, -은, -을
12	What did you do when you met your friend?	Task 1 Speak about your weekend Task 2 Listen to a story about the weekend and write Task 3 Read about a weekend travel story and speak	Vocabulary related to weekend activities	-어서[2] 만
13	Let's not go to the bowling alley since it's too far.	Task 1 Suggest a meeting place Task 2 Read about a meeting and write Task 3 Listen to a dialogue about a meeting place and speak	Vocabulary related to places	-으니까 -지 말다
14	Are you able to talk now?	Task 1 Ask for a phone number Task 2 Read a phone conversation and write Task 3 Listen to a phone conversation and speak	Vocabulary related to talking on the phone	-지요? -을 수 있다
15	I had a great time during the last 3 weeks.	Task 1 Talk about your life in Korea Task 2 Listen to a story about life in Korea and speak Task 3 Read about someone's thoughts and write a letter to classmates	Vocabulary related to emotions	동안 못

内容構成

単元	タイトル	課題	語彙	文法
1	私は会社員です	課題1 職業を話す 課題2 自己紹介を聞いて話す 課題3 自己紹介を読んで書く	職業に関連する語彙	-입니다, -입니까? -습니다, -습니까?
2	家から学校までどのくらいかかりますか	課題1 学校に来る方法を話す 課題2 交通の話を聞いて話す 課題3 交通の話を読んで書く	交通手段に関連する語彙	으로 에서 ~까지
3	あちらのデパートの前に止めてください	課題1 タクシーに乗り目的地を言う 課題2 物の位置を読んで書く 課題3 タクシーの中の会話を聞く	位置に関連する語彙	-읍시다 -어 주다
4	雨が降って風も吹きます	課題1 天気を話す 課題2 季節の話を読んで書く 課題3 天気の話を聞いて話す	天気に関連する語彙語彙	-고[1] 보다
5	辛いですが美味しいです	課題1 好きな食べ物を話す 課題2 好きな食べ物を読んで話す 課題3 有名な故郷の食べ物を聞いて話す	味に関連する語彙	-어서[1] -지만
6	こちらでお召し上がりですか	課題1 いろいろな料理を注文する 課題2 メニューを読んで書く 課題3 注文する話を聞いて話す	尊敬語	-으시- -겠-
7	あとで一緒に買いに行きましょう	課題1 パーティーを準備する 課題2 誕生日の話を読んで書く 課題3 誕生日の話を聞いて話す	誕生日に関連する語彙	-을까요?, -으십시오 -으러

単元	タイトル	課題	語彙	文法
8	私は一週間に二回くらい水泳をします	課題1 よくする運動を話す 課題2 好きな運動を読んで書く 課題3 故郷の人たちが好きな運動を聞いて話す	運動に関連する語彙	-고[2] 에 ~쯤
9	宿題もして音楽も聴きました	課題1 昨日したことを話す 課題2 昨日したことを聞いて話す 課題3 日記を読んで書く	日常生活に関連する語彙	-었- ㄷ 동사
10	これより長いズボンはないですか	課題1 お店で欲しいものを買う 課題2 ショッピングした話を読んで書く 課題3 物を買う話を読んで聞	形容詞	-은 ㄹ 동사
11	妹にあげる財布を買いました	課題1 ショッピングした経験を話す 課題2 ショッピングした話を読んで書く 課題3 ショッピングスポットの話を聞いて話す	色に関連する語彙	ㅎ 동사 -는, -은, -을
12	友達に会ってから何をしましたか	課題1 週末の話を話す 課題2 週末の話を聞いて書く 課題3 週末の旅行の話を読んで話す	週末の活動に関連する語彙	-어서[2] 만
13	ボーリング場はとても遠いので行くのは止めましょう	課題1 集まりの場所を提案する 課題2 集まりの話を読んで書く 課題3 集まりの場所の話を聞いて話す	場所に関連する語彙	-으니까 -지 말다
14	今通話することができますか	課題1 電話番号を聞く 課題2 電話の話を読んで書く 課題3 電話の話を聞いて話す	通話に関連する語彙	-지요? -을 수 있다
15	3週の間とても楽しかったです	課題1 韓国生活を話す 課題2 韓国生活の話を聞いて話す 課題3 感想を読んでクラスメートに手紙を書く	感情に関連する語彙	동안 못

内容构成

课	题目	课堂练习	词汇	语法
1	我是公司职员	课堂练习1 说说职业 课堂练习2 听自我介绍并做口语练习 课堂练习3 阅读并写作自我介绍	有关职业的词汇	-입니다, -입니까? -습니다, -습니까?
2	从家到学校要多少时间?	课堂练习1 说说来学校的方法 课堂练习2 听关于交通的内容并说一说 课堂练习3 阅读并写作关于交通的文章	有关交通工具的词汇	으로 에서 ~까지
3	请在那个百货商店门口停一下	课堂练习1 坐的士并说出目的地 课堂练习2 阅读东西的位置并写作 课堂练习3 听听的士内的对话	有关位置的词汇	-읍시다 -어 주다
4	下雨而且在刮风	课堂练习1 说说天气 课堂练习2 阅读关于季节的内容并写作 课堂练习3 听关于天气的内容并说一说	有关天气的词汇	-고[1] 보다
5	虽然辣但是很好吃	课堂练习1 说说自己喜爱的菜 课堂练习2 阅读关于喜爱的菜的文章并说一说 课堂练习3 听关于家乡名菜的材料并写作	有关味道的词汇	-어서[1] -지만
6	您要在这里喝吗?	课堂练习1 点各种菜 课堂练习2 阅读菜单并写一写 课堂练习3 听关于点菜的对话并说一说	敬语	-으시- -겠-
7	等会儿一起去买吧	课堂练习1 准备一场派对 课堂练习2 阅读关于生日的内容并写一写 课堂练习3 听关于生日的内容并说一说	有关生日的词汇	-을까요?, -으십시오 -으러

课	题目	课堂练习	词汇	语法
8	我一周大概游两次泳	课堂练习1 说说喜欢的运动 课堂练习2 阅读喜欢的运动并写作 课堂练习3 听关于家乡人喜欢的运动的内容并说一说	有关运动的词汇	-고[2] 에 ~쯤
9	做了作业，也听了音乐	课堂练习1 说一说昨天做的事情 课堂练习2 听昨天所做事情并说一说 课堂练习3 阅读日记并写作	有关日常生活的词汇	-었- ㄷ 동사
10	没有比这条长的裤子吗?	课堂练习1 在商店购买自己想要的东西 课堂练习2 阅读关于购物的内容并写作 课堂练习3 阅读关于购物的内容并听一听	形容词	-은 ㄹ 동사
11	我买了送给弟弟的钱包	课堂练习1 说一说购物的经历 课堂练习2 阅读关于购物的故事并写作 课堂练习3 听关于购物场所的内容并说一说	有关颜色的词汇	ㅎ 동사 -는, -은, -을
12	跟朋友见面后做什么了？	课堂练习1 说一说周末的故事 课堂练习2 听关于周末的故事并写作 课堂练习3 阅读关于周末旅行的故事并说一说	有关周末活动的词汇	-어서[2] 만
13	保龄球馆太远了，我们别去了吧	课堂练习1 提出聚会场所的建议 课堂练习2 阅读关于聚会的文章并写作 课堂练习3 听关于聚会场所的内容并说一说	有关场所的词汇	-으니까 -지 말다
14	你现在能通话吗？	课堂练习1 询问电话号码 课堂练习2 阅读关于打电话的文章并写作 课堂练习3 听关于电话的内容并说一说	有关通话的词汇	-지요? -을 수 있다
15	这三周过得很愉快	课堂练习1 说一说韩国的生活 课堂练习2 听关于韩国生活的故事并说一说 课堂练习3 阅读关于感想的文章并给班上的朋友写信	有关感情的词汇	동안 못

Table of Contents

目次

目录

부록

▸ 1. 번역
2. 문법 활용연습
3. 듣기 지문
4. 모범 답안
5. 색인

제 1 과

저는 회사원입니다
I am a company worker
私は会社員です
我是公司职员

- **Objectives** to be able to introduce yourself
- **Vocabulary** company, to commute/to attend
  Vocabulary related to jobs
- **Grammar** -입니다, -입니까?, -습니다, -습니까?
- **Task** Talk about your job
  Listen to self introductions and speak
  Read self introductions and write

- 学習目標 自己紹介ができる
- 語彙 会社、 通う/勤める
  職業に関連する語彙
- 文法 -입니다, -입니까?, -습니다, -습니까?
- 課題 職業を話す
  自己紹介を聞いて話す
  自己紹介を読んで書く

- 学习目标 能够进行自我介绍
- 词汇 公司，上(班/学校)
  有关职业的词汇
- 语法 -입니다, -입니까?, -습니다, -습니까?
- 课堂练习 说说职业
  听自我介绍并做口语练习
  阅读并写作自我介绍

EN

Yuri	Hello. I'm Yuri.
Shaoming	Hello. My name is Shaoming.
Yuri	What kind of work do you do, Shaoming?
Shaoming	I am a company worker. I go to work in a Korean company.

JP

ユリ	こんにちは。私はユリです。
シャオミン	こんにちは。私の名前はシャオミンです。
ユリ	シャオミンさんは何の仕事をしていますか。
シャオミン	私は会社員です。韓国の会社に勤めています。

CH

有莉	你好！我是有莉。
小明	你好！我的名字叫小明。
有莉	你做什么工作？
小明	我是公司职员，在韩国公司上班。

문법

1 -입니다, -입니까?

- The final ending '-입니다' is placed after a noun to express the character of the subject in a declarative statement. '-입니까?' is the interrogative form.

  - I am Shaoming.
  - Shaoming is a Chinese person.
  - What is this?
  - What day is today?

- '-입니다'は名詞の後に使う終結語尾で主語が指示する対象の属性を表し、文章の叙述語になるようにする。'-입니까?'は'-입니다'の疑問形である。

  - 私はシャオミンです。
  - シャオミンさんは中国人です。
  - これは何ですか。
  - 今日は何曜日ですか。

- '-입니다'是用于名词后的句尾，表示主语所指示对象的属性，是句子的谓语。'-입니까?'是'-입니다'的疑问形式。

  - 我是小明。
  - 小明是中国人。
  - 这是什么？
  - 今天是星期几？

2 -습니다/ㅂ니다, -습니까?/ㅂ니까?

- This formal final ending is placed after an action or descriptive verb stem to describe the subject. In an explanation or answer, use '-습니다/ㅂ니다', and in a question, use '-습니까/-ㅂ니까?'. This is used when speaking to a listener in the honorific manner or with someone you are not close to.
- When the action or descriptive verb stem ends with a consonant, use '-습니다', or '습니까?'. When the stem ends with a vowel, use '-ㅂ니다', or '-ㅂ니까?'.

- The park is clean.
- Who are you meeting?
- It is nice to meet you.
- Where is the book?

- 動詞や形容詞の語幹の後に付き主語を叙述する格式体終結語尾である。説明するときや、答えるときは'-습니다/ㅂ니다'を使い、質問するときは'-습니까?/ㅂ니까?'を使う。尊敬語を使う対象になる目上の人や親しくない人に使用する。
- 動詞、形容詞の語幹が子音で終わるときは'-습니다'、'-습니까?'を使い、母音で終わるときは'-ㅂ니다'、'ㅂ니까?'を使う。

- 公園がきれいです。
- 誰に会いますか。
- 会えて嬉しいです。
- 本はどこにありますか。

- 用于动词或形容词词干后，是对主语进行叙述的格式体句尾。说明、回答的时候用'-습니다/ㅂ니다'，提问时用'-습니까/-ㅂ니까?'。主要用于地位较高的人以及关系不亲人。
- 动词、形容词词干后以辅音结尾的用'-습니다'、'습니까?'，以元音结尾的用'-ㅂ니다'、'-ㅂ니까?'。

- 公园很干净。
- 你见了谁?
- 见到你很高兴。
- 书在哪里?

제2과

집에서 학교까지 얼마나 걸려요?

How long does it take from your house to school?

家から学校までどのくらいかかりますか

从家到学校要多少时间?

- **Objectives** to be able to speak about the way to get to a destination and how long it will take
- **Vocabulary** every day, how, how much/how many, hour/time, to take
  Vocabulary related to modes of transportation
- **Grammar** 으로, 에서 ~까지
- **Task** Talk about the way to get to school
  Listen to a dialogue about transportation and speak
  Read a story about transportation and write

- 学習目標 目的地に行く方法とかかる時間を話すことができる
- 語彙 毎日, どうやって, どのくらい, 時間, かかる
  交通手段に関連する語彙
- 文法 으로, 에서 ~까지
- 課題 学校に来る方法を話す
  交通の話を聞いて話す
  交通の話を読んで書く

- 学习目标 能够说明去目的地的方法以及所花费的时间。
- 词汇 每天，怎么，多少，小时，需要(时间)
  有关交通工具的词汇
- 语法 으로, 에서 ~까지
- 课堂练习 说说来学校的方法
  听关于交通的内容并说一说
  阅读并写作关于交通的文章

EN

Yuri	How do you come to school every day?
Stefan	I come by bus.
Yuri	How long does it take from your house to school?
Stefan	It takes about one hour.

JP

ユリ	毎日学校にどうやってきますか。
シュテファン	私はバスで来ます。
ユリ	家から学校までどのくらいかかりますか。
シュテファン	一時間くらいかかります。

CH

有　莉	你每天是怎么来学校的？
史蒂芬	我是坐公交车来的。
有　莉	从家到学校要多少时间啊？
史蒂芬	大概要一个小时。

문법

1 으로/로

- This is placed after a noun to show the direction of an action or destination. It is used together with action verbs such as 가다 or 오다. It is also used to show the instrument or method of a certain work.
- When the noun ends with a consonant, use '-으로'. When the noun ends with a vowel or 'ㄹ', use '-로'.

- This bus goes to Namsan.
- I come to school by bus.
- We eat Korean food with a spoon and chopsticks.
- Please speak in Korean in the classroom.

- 名詞の後に付き移動の方向や目的地を表す。'가다, 오다'類の動詞と一緒に使われる。ある事の道具や手段、方法などを表すときも使う。
- 名詞が子音で終わるときは'-으로'を使い、母音や'ㄹ'で終わるときは'-로'を使う。

- このバスは南山に行きます。
- 私は学校にバスで来ます。
- 韓国の食べ物はスプーンと箸でたべます。
- 教室で韓国語で話してください。

- 用于名词后，表示运动的方向或目的地。主要与'가다、오다' 类的动词连用。也可用来表示做某事的工具或手段、方法。
- 名词以辅音结尾的用'-으로'，以元音或'ㄹ'结尾的用'-로'。

- 这辆公共汽车是去南山的。
- 我坐公共汽车来学校。
- 韩国菜是用筷子和勺子来吃的。
- 请在教室里用韩语说话。

2 에서 ~까지

- This is placed after a noun. '에서' refers to the time or place where something starts and '까지' refers to the ending time or place of arrival.

  - How long does it take from the subway station to your house?
  - It takes about 15 minutes from Gwangwhamun to Myungdong by taxi.
  - This building has offices from the second floor to the fifth.
  - Lunch time is from 12 o'clock to 1 o'clock.

- 名詞の後に使用する。'에서'は始まる時点や場所を表し'까지'は終わる時間や到着の地点を表す。

  - 地下鉄駅から家までどのくらいかかりますか。
  - 光化門から明洞までタクシーで15分くらいかかります。
  - この建物は2階から5階まで事務室です。
  - 12時から1時までお昼ご飯の時間です。

- 用在名词后。'에서'表示起始时间或场所，'까지'表示终止时间或到达场所。

  - 从地铁站到家里要多少时间?
  - 坐的士从光化门到明洞要15分钟。
  - 这栋建筑的2层到5层是办公室。
  - 从12点到1点是午餐时间。

EN

Priority Seating for the Elderly and the Disabled

On the buses and subways in Korea have priority seating for the elderly and disabled. People who are elderly, disabled, or pregnant may sit in these seats.

JP

老弱者席（優先席）

韓国にはバスと地下鉄に優先席がある。
年齢の高い人、体が不自由な人、妊娠した人などが座ることができる。

CH

老弱座位

韩国的公共汽车和地铁里都有老弱座位。年纪大的人、身体不便的人、以及怀孕的人等都可以坐。

제 3 과

저기 백화점 앞에서 세워 주세요

Please stop in front of the department store over there

あちらのデパートの前に止めてください

请在那个百货商店门口停一下

- **Objectives** to be able to speak about the location of a destination
- **Vocabulary** driver, to get off, in front of, to stop
  Vocabulary related to location
- **Grammar** -읍시나, -어 주다
- **Task** Get into a taxi and say where you want to go
  Read about the location of items and write
  Listen to a dialogue in a taxi car

- 学習目標 目的地の位置を話すことができる
- 語彙 運転手, 降りる, 前, 止める
  位置に関連する語彙
- 文法 -읍시다, -어 주다
- 課題 タクシーに乗り目的地を言う
  物の位置を読んで書く
  タクシーの中の会話を聞く

- 学习目标 能够说明目的地的位置。
- 词汇 司机, 下, 前, 停
  有关位置的词汇
- 语法 -읍시다, -어 주다
- 课堂练习 坐的士并说出目的地
  阅读东西的位置并写作
  听听的士内的对话

EN

Driver	Where are you going?
Stefan	Let's go to Myungdong.
	(in Myungdong)
Driver	Where are you getting off?
Stefan	Please stop in front of the department store over there.

JP

運転手	どこへいきますか。
シュテファン	明洞に行きましょう。
	(明洞で)
運転手	どこで降りますか。
シュテファン	あちらのデパートの前に止めてください。

CH

司 机	您去哪儿?
史蒂芬	去明洞吧。
	(在明洞)
司 机	您在哪里下?
史蒂芬	请在那个百货商店门口停一下。

문법

1 -읍시다/ㅂ시다

- This is placed after an action verb stem and is used when offering a suggestion for an action to be done together with the listener or to express approval of a request.
- When the action verb stem ends with a consonant, use '-읍시다'. When the stem ends with a vowel, use '-ㅂ시다'.

- Let's go to the department store.
- Let's eat bibimbab.
- Let's watch a movie at the theater.
- Let's meet in front of the library.

- 動詞の語幹の後に付き一緒に行動をすることを提案したり相手の要請に対する承諾を表す。
- 語幹が子音で終わるときは'-읍시다'を、語幹が母音で終わるときは'-ㅂ시다'を使う。

- デパートに行きましょう。
- ビビンバを食べましょう。
- 劇場で映画を見ましょう。
- 図書館の前で会いましょう。

- 用于动词词干后，表示提议一起做某件事情，或对对方的请求表示赞同。
- 词干以辅音结尾的用'-읍시다'，词干以元音结尾的用'-ㅂ시다'。

- 一起去百货商店吧。
- 吃拌饭吧。
- 去剧场看电影吧。
- 在图书馆前面见吧。

2 -어/아/여 주다

- This is placed after an action verb stem and is used when you are doing something for another person.
- When the action verb stem ends with the vowels '아' or '오', use '-아 주다'. When the stem ends with all other vowels, use '-어 주다'. If the stem ends with '하다', use '-여 주다', which is usually changed to '-해 주다'.

- Please show me the dress shoes.
- Please lend me the dictionary.
- Please take a picture for me.
- Please explain it to me once more.

- 動詞の語幹の後に付き他の人のためにある行動をするとき使う。
- 語幹の母音が'아'や'오'で終わるときは'-아 주다'を、語幹の母音が他の母音で終わるときは'-어 주다'を、'하다'で終わるときは'-여 주다'を使う。'-하여 주다'は普通'-해 주다'で使う。

- 靴をちょっと見せてください。
- 辞書を貸してください。
- 写真を撮ってください。
- もう一度説明してください。

- 用于动词词干后，表示为了别人而做了某种行动。
- 词干以元音'아'或'오'结尾的用'-아 주다'，以其他元音结尾的用'-어 주다'，以'하다'结尾的用'-여 주다'，一般把'-하여 주다'写做'-해 주다'。

- 请给我看一下那双皮鞋吧。
- 请把词典借给我吧。
- 请给我拍张照片。
- 请再给我说明一遍吧。

제4과

비가 오고 바람도 불어요
It's raining and the wind is blowing
雨が降って風も吹きます
下雨而且在刮风

- **Objectives** to be able to talk about the weather
- **Vocabulary** rain, wind, to blow, a lot
  Vocabulary related to the weather
- **Grammar** –고[1], 보다
- **Task** Talk about the weather
  Read about seasons and write
  Listen to something about the weather and speak

- 学習目標 天気について話すことができる
- 語彙 雨、風、吹く、たくさん
  天気に関連する語彙
- 文法 –고[1], 보다
- 課題 天気を話す
  季節の話を読んで書く
  天気の話を聞いて話す

- 学习目标 能够说明天气。
- 词汇 雨, 风, 吹, 多
  有关天气的词汇
- 语法 –고[1], 보다
- 课堂练习 说说天气
  阅读关于季节的内容并写作
  听关于天气的内容并说一说

EN

Yuri	Is it raining right now?
Stefan	Yes, it's raining and the wind is blowing.
Yuri	Stefan, does it rain a lot in your hometown?
Stefan	No, it does not rain as much as Seoul.

JP

ユリ	今雨が降りますか。
シュテファン	はい、雨が降って風も吹きます。
ユリ	シュテファンさんの故郷も雨がたくさん降りますか。
シュテファン	いいえ、ソウルよりたくさん降りません。

CH

有 莉	现在在下雨吗?
史蒂芬	是的，下雨而且在刮风。
有 莉	你的故乡也经常下雨吗?
史蒂芬	没有，不像首尔下得那么多。

문법

1 -고[1]

- This is placed after an action or descriptive verb stem and is used when two or more actions, conditions, or facts are mentioned one after another.

  - The classroom is large and clean.
  - Yuri is pretty and friendly.
  - The wind is blowing and it's raining.
  - My father is a company worker and my mother is a housewife.

- 動詞や形容詞の語幹の後に付き二つ以上の動作や状態、事実を羅列するとき使う。

  - 教室が大きくてきれいです。
  - ユリさんがかわいくて親切です。
  - 風が吹いて雨が降ります。
  - 父は会社員で母は主婦です。

- 用于动词或形容词词干后，表示对两个以上动作、状态、事实的罗列。

  - 教室很大而且很干净。
  - 有莉漂亮而且亲切。
  - 刮风而且下雨。
  - 爸爸是公司职员，妈妈是家庭主妇。

2 보다

- This is placed after a noun and is used for comparing two things in the same category.

  - Seoul is colder than Busan.
  - The subway is faster than the bus.
  - I drink coffee a lot more than juice.
  - I like samgyubsal (Korean-style bacon) more than bulgogi.

- 名詞の後に使用し比較の対象を表すときに使う。同一のカテゴリーの対象を比較するとき使う。

  - ソウルが釜山より寒いです。
  - 地下鉄がバスより速いです。
  - 私はジュースよりコーヒーをたくさん飲みます。
  - 私はプルコギよりサムギョプサルが好きです。

- 用于名词后表示比较的对象。主要用在同一类型事物之间的比较。

  - 首尔比釜山冷。
  - 地铁比公共汽车快。
  - 比起果汁我更常喝咖啡。
  - 比起烤肉我更喜欢五花肉。

제 5 과

맵지만 맛있어요
It's spicy but delicious
辛いですが美味しいです
虽然辣但是很好吃

- **Objectives** to be able to talk about the taste of food
- **Vocabulary** chicken rib, taste
  Vocabulary related to taste
- **Grammar** -어서[1], -지만
- **Task** Talk about a food you like
  Read and speak about a food you like
  Listen to a story about famous hometown food and write

- 学習目標 食べ物の味について話すことができる
- 語彙 タッカルビ、味
  味に関連する語彙
- 文法 -어서[1], -지만
- 課題 好きな食べ物を話す
  好きな食べ物を読んで話す
  有名な故郷の食べ物を聞いて書く

- 学习目标 能够说出食物的味道
- 词汇 鸡排，味道
  有关味道的词汇
- 语法 -어서[1], -지만
- 课堂练习 说说自己喜爱的菜
  阅读关于喜爱的菜的文章并说一说
  听关于有关家乡名菜的材料并写作

EN

Michael	Yuri, what kind of food do you like?
Yuri	I like chicken rib, so I eat it often.
Michael	How is the taste of chicken rib?
Yuri	It's spicy but delicious.

JP

マイケル	ユリさんは何の食べ物が好きですか。
ユリ	私はタッカルビが好きなのでよく食べます。
マイケル	タッカルビの味はどうですか。
ユリ	辛いですが美味しいです。

CH

麦　克	有莉，你喜欢吃什么菜？
有　莉	我喜欢吃鸡排，所以经常吃。
麦　克	鸡排的味道怎么样啊？
有　莉	虽然很辣但是很好吃。

문법

1 -어서/아서/여서[1]

- This is placed after an action or descriptive verb stem and is used to show that the first clause is the cause or reason for the second clause.
- When the stem ends with '아' or '오', use '-아서'. When the stem ends with any other vowel, use '-어서'. If the stem ends with '하다', use '-여서'. '하여서' is commonly changes to '-해서'. The tense is not used in front of '-어서/아서/여서'. In the ending clause of '-어서/아서/여서', do not use an imperative or suggestive final ending.

- I am going to the hospital because my stomach hurts.
- I like it because my school is close.
- I am not cold because I'm wearing a lot of clothes.
- I'm sorry for being late.

- 動詞や形容詞の語幹の後に付き前の内容が後の内容についての原因や理由を表す。
- 語幹が'아, 오'で終わるときは'-아서'を、語幹の母音が他の母音で終わるときは'-어서'を、'하다'で終わる場合は'-여서'を使う。'하여서'は普通'-해서'で使われる。'-어서/아서/여서'の前には時制を使わない。'-어서/아서/여서'の後ろには命令形や勧誘形の終結語尾を使わない。

- お腹が痛いので病院にいきます。
- 学校が近いので良いです。
- 服をたくさん着たので寒くないです。
- 遅れてすみません。

- 用于动词或形容词词干后，表示前面的内容是后面的原因或理由。
- 词干以元音'아、오'结尾的用'-아서'，以其他元音结尾的用'-어서'，以'하다'结尾的用'-여서'，'하여서'通常写做'-해서'。'-어서/아서/여서'前面不能使用时态，'-어서/아서/여서'的后句不能使用命令句尾或共动句尾。

- 因为肚子痛所以去了医院。
- 因为离学校很近，所以不错。
- 穿了很多衣服所以不冷。
- 我迟到了，对不起。

문법

2 -지만

- This is placed after an action or descriptive verb stem and is used when connecting two contradicting sentences.

  - This piece of clothing is pretty but expensive.
  - Korean language is difficult but fun.
  - The wind is blowing but it's not cold.
  - I am good at reading but can't speak very well.

- 動詞、形容詞、名詞の語幹の後に付き、前の文章と反対になる内容を後の文章で続けて話すときに使う。

  - この服がかわいいですが、ちょっと高いです。
  - 韓国語が難しいですが面白いです。
  - 風が吹きますが寒くないです。
  - 読むのはよくできますが話すのはうまくできません。

- 用于动词、形容词词干后，以及名词的后面，表示前一句与后一句的内容相反。

  - 这件衣服虽然漂亮，但是有点儿贵。
  - 韩语虽然很难，但是很有意思。
  - 虽然刮着风但是不冷。
  - 虽然阅读不错，但是口语却不好。

제 6 과

여기에서 드시겠어요?
Would you like to eat here?
こちらでお召し上がりですか
您要在这里喝吗？

- **Objectives** to be able to order what you want
- **Vocabulary** what, to take and go
  Honorific expressions
- **Grammar** –으시–, –겠–
- **Task** Order a variety of food
  Read the menu and write
  Listen to someone ordering food and speak

- 学習目標 欲しいものを注文できる
- 語彙 何を、持って行く
  尊敬語
- 文法 –으시–, –겠–
- 課題 いろいろな料理を注文する
  メニューを読んで書く
  注文する話を聞いて話す

- 学习目标 能够点自己想要的东西
- 词汇 什么，带走
  敬语
- 语法 –으시–, –겠–
- 课堂练习 点各种菜
  阅读菜单并写一写
  听关于点菜的对话并说一说

EN

Worker	What would you like to order?
Yuri	Please give me 2 cups of coffee.
Worker	Would you like to eat here?
Yuri	No, I'll take them to go.

JP

店員	何をご注文なさいますか。
ユリ	コーヒー2杯ください。
店員	こちらでお召し上がりですか。
ユリ	いいえ、持って行きます。

CH

店　员	请问您要点什么？
有　莉	请给我两杯咖啡。
店　员	您要在这里喝吗？
有　莉	不，我要带走。

문법

1 -으시/시-

- This is used to show respect for the subject of the sentence. Usually, '께서' is placed after the subject being honored. This is placed after an action or descriptive verb stem as well as a noun.
- If the stem ends with a consonant, use '-으시-'. If the stem ends with a vowel, use '-시-'.

- My father is a company worker.
- My parents are arriving in Korea today.
- Teacher Kim, What do you teach?
- Teacher, where are you going?

- 文章の主語を高める意味を表す。高める対象の後には普通'께서'をつける。動詞や形容詞の語幹の後に、名詞の後に使用する。
- 語幹が子音で終わるときは'-으시-'を、語幹が母音で終わるときは' -시-'を使用する。

- 私の父は会社員です。
- 両親が今日韓国に来られます。
- 金先生は何をお教えですか。
- 先生、どちらへ行かれますか。

- 表示对句子主语的尊敬。尊敬的对象后一般用'께서'。主要用于动词或形容词的词干后，以及名词的后面。
- 词干以辅音结尾的用 '-으시-'， 以元音结尾的用'-시-'。

- 我爸爸是公司职员。
- 我父母今天来韩国。
- 金老师是教什么的？
- 老师， 您去哪儿呢？

2 -겠-

- This is used to show the intention or will of the speaker concerning what he does or will do. Because the intention deals with actions that have not taken place yet, it is generally used with an expression concerning the future. This is placed after an action verb stem.

  - What would you like to order?
  - What will you do during the vacation?
  - I will go to school and return.
  - I will go to Kyungju with my friend tomorrow.

- 話す人が何をするかや、何をするつもりであるという意図や意志を表す。まだしていないことについて自身の意志を明らかにする意味で、一般的に未来の意味を持つ表現と一緒に表す。
動詞の語幹の後に使用する。

  - 何を召し上がりますか。
  - 学校の休みに何をするつもりですか。
  - 学校に行ってきます。
  - 明日友達と一緒に慶州にいくつもりです。

- 表示说话人做某事或想要做某事的意图或意愿。具有对还未做的事情表明自己的意愿的含义，一般与带有将来义的表现形式连用。用于动词词干后。

  - 您要吃什么？
  - 放假要干什么？
  - 我去上学了。
  - 明天要和朋友一起去庆州。

제 7 과

이따가 같이 사러 갑시다
Let's go to buy it together, later
あとで一緒に買いに行きましょう
等会儿一起去买吧

- **Objectives** to be able to prepare a birthday party
- **Vocabulary** to prepare, later
  Vocabulary related to birthdays
- **Grammar** -을까요? -으십시오, -으러
- **Task** Prepare a party
  Read about birthdays and write
  Listen to something about birthdays and speak

- 学習目標 誕生日パーティーを準備できる
- 語彙 準備する、あとで
  誕生日に関連する語彙
- 文法 -을까요? -으십시오, -으러
- 課題 パーティーを準備する
  誕生日の話を読んで書く
  誕生日の話を聞いて話す

- 学习目标 能够准备生日聚会
- 词汇 准备，等会儿
  有关生日的词汇
- 语法 -을까요? -으십시오, -으러
- 课堂练习 准备一场派对
  阅读关于生日的内容并写一写
  听关于生日的内容并说一说

EN

Michael	By what time should I be at Stefan's birthday party?
Youngju	Please come by 7 o'clock.
Michael	Did you prepare a birthday gift, Youngju?
Youngju	No, let's go to buy it together, later

JP

マイケル	ュテファンさんの誕生日パーティーに何時までに行きましょうか。
ヨンジュ	7時までに来てください。
マイケル	ヨンジュさんは誕生日プレゼントを準備しましたか。
ヨンジュ	いいえ、あとで一緒に買いに行きましょう。

CH

麦　克	史蒂芬的生日派对我该几点前到好呢？
英　珠	7点前来吧。
麦　克	生日礼物你准备好了吗？
英　珠	还没有，等会儿一起去买吧。

문법

1 -을까요?/ㄹ까요? -으십시오/십시오

- '-을까요/ㄹ까요?' is placed after an action verb stem and is used when asking the listener his/her intention, opinion, or thoughts. In this case, the subject is in the first person and can even be omitted from the sentence.
- When the action verb stem ends with a consonant, use '-을까요?'. When the stem ends with a vowel, use '-ㄹ까요?'.
- '-으십시오/십시오' is placed after an action verb stem and is used When you are giving direction or offering suggestion to someone you respect.
- When the stem ends with a consonant, use '-으십시오'. When it ends with a vowel, use '-십시오'.

- A: Shall I close the door? B: Yes, please close the door.
- A: What time shall I call you? B: Please call at 2 o'clock.
- A: When should I go? B: Please come in the afternoon.
- A: Where should I put this? B: Please put it here.

- '-을까요/ㄹ까요?'は動詞の語幹の後に付き相手の意向、意見、考えなどを聞くときに使う。このとき主語は一人称で主語を省略することもできる。
- 語幹が子音で終わるときは'-을까요?'を、語幹が母音で終わるときは'-ㄹ까요?'を使用する。
- '-으십시오/십시오'は動詞の語幹の後に付き高める対象である相手に丁重に命令するときや勧めるときに使う。
- 語幹が子音で終わるときは'-으십시오'を、母音で終わるときは'-십시오'を使う。

- A:ドアを閉めましょうか。 B:はい、閉めてください。
- A:何時に電話しましょうか。 B:2時に電話してください。
- A:いつ行きましょうか。 B:午後に来てください。
- A:どこに置きましょうか。 B:ここに置いてください。

- '-을까요/ㄹ까요?'用于动词词干后，表示询问对方的意向、意见和想法等。这时的主语是第一人称且可以省略。
- 词干以辅音结尾的用'-을까요?'，以元音结尾的用'-ㄹ까요?'。
- '-으십시오/십시오'用于动词词干后，表示对需要尊敬的对象进行郑重的命令或劝诱。
- 词干以辅音结尾的用'-으십시오'，以元音结尾的用'-십시오'。

- 甲：我可以关门吗？ 乙：好，关上吧。
- 甲：我该几点打电话好呢？ 乙：请你2点打过来吧。
- 甲：我什么时候去好呢？ 乙：请下午来吧。
- 甲：我该放在哪里好呢？ 乙：请放在这里吧。

문법

2 -으러/러

- This is placed after an action verb stem and shows the purpose of movement.
  It is usually used with verbs in the category of '가다' or '오다', such as 가다, 오다, 다니다, etc.
- When the stem ends with a consonant, use '-으러'. When it ends with a vowel, use '-러'.

  - Shall we go to watch a movie?
  - I am on my way to meet a friend.
  - Are you going to the library to study?
  - I came to Korea to study Korean.

- 動詞の語幹の後に付き移動する目的を表す。'가다, 오다, 다니다(行く、来る、通う)'など '가다, 오다(行く、来る)'類の動詞と一緒に使われる。
- 語幹が子音で終わるときは'-으러'を、語幹が母音で終わるときは'-러'を使う。

  - 映画を見に行きましょうか。
  - 友達に会いに行きます。
  - 勉強しに図書館に行きますか。
  - 韓国語を学びに韓国に来ました。

- 用于动词词干后，表示移动的目的。与'가다(去)、오다(来)、다니다(上)'等'来、去'类的动词连用。
- 词干后以辅音结尾的用'-으러'，以元音结尾的用'-러'。

  - 一起去看电影好吗？
  - 我去见朋友。
  - 你是去图书馆学习吗？
  - 来韩国学韩语。

EN

Birthday Food

In Korea, people absolutely eat seaweed soup on their birthday. There was a custom from long ago where Korean mothers would eat seaweed soup after giving birth to a baby. That is why Koreans eat seaweed soup on their birthdays while thinking of their mothers.

JP

誕生日の食べ物

韓国では誕生日の朝に必ずワカメスープを飲む。韓国のお母さんたちは昔から子供を産むとワカメスープを飲む風習があった。だから誕生日にはお母さんを思いながらワカメスープを飲む。

CH

生日饮食

在韩国生日的那天早上一定要喝海带汤。因为在韩国母亲生下孩子后有喝海带汤的习俗，所以在生日的那天要一边想着妈妈一边喝海带汤。

제8과

저는 일주일에 두 번쯤 수영을 해요

I go swimming about twice a week

私は一週間に二回くらい水泳をします

我一周大概游两次泳

- **Objectives** to be able to talk about a sport you like
- **Vocabulary** one week, a time, swimming, swimming pool
  Vocabulary related to sports
- **Grammar** -고², 에 ~쯤
- **Task** Talk about a sport you enjoy playing
  Read and write about a sport you like
  Listen to a story about a sport that hometown people like and speak

- 学習目標 好きな運動について話すことができる
- 語彙 一週間、回、水泳、プール
  運動に関連する語彙
- 文法 -고², 에 ~쯤
- 課題 よくする運動を話す
  好きな運動を読んで書く
  故郷の人たちが好きな運動を聞いて話す

- 学习目标 能够表述自己喜欢的运动
- 词汇 一周，次，游泳，游泳场
  有关运动的词汇
- 语法 -고², 에 ~쯤
- 课堂练习 说说喜欢的运动
  阅读喜欢的运动并写作
  听关于家乡人喜欢的运动的内容并说一说

EN

Youngju	Yuri, do you exercise often?
Yuri	I go swimming about twice a week.
Youngju	Shall we go to the swimming pool together tomorrow?
Yuri	Sounds good. Let's eat lunch and then go.

JP

ヨンジュ	ユリさんは運動をよくしますか。
ユリ	私は一週間に二回くらい水泳をします。
ヨンジュ	明日一緒にプールに行きましょうか。
ユリ	いいですよ。お昼ごはんを食べてから行きましょう。

CH

英　珠	有莉，你经常做运动吗？
有　莉	我一周大概游两次泳。
英　珠	明天一起去游泳场怎么样？
有　莉	好啊。吃完午饭以后一起去吧。

문법

1 -고[2]

- This is placed after an action verb stem and is used to show how following an action mentioned first, another action continues. The subjects of both clauses must be the same.

  - I read a book and then talk about it.
  - Let's watch the movie and then eat dinner.
  - Shall we eat lunch and then go to the library?
  - I will do my homework and then watch television.

- 動詞の語幹の後に付き先行する行為に続いて他の行為が継続することを表す。先行節の主語と後行節の主語が同一でなければならない。

  - 本を読んでから話します。
  - 映画を見てから晩御飯を食べましょう。
  - お昼ごはんを食べてから図書館に行きましょうか。
  - 宿題をしてからテレビを見ます。

- 用在动词词干后，表示后面的行为紧接着前面的行为而发生。前一句的主语跟后一句的主语必须一致。

  - 读完书后说一说。
  - 看电影以后一起吃饭吧。
  - 吃完午饭后去图书馆怎么样？
  - 我要做完作业后看电视。

2 에 ~쯤

- Before the '에' comes a word indicating time, and following that comes a noun that indicates a frequency of an action or unit of calculation. '쯤' carries the meaning of 'roughly' or 'approximately'.

  - I watch movies about once a month.
  - I drink about 2 cups of coffee a day.
  - I study Korean for about 3 hours a day.
  - I meet my girlfriend about two times a week.

- '에'の前には時間が示され、その後には行為の頻度、単位や計算を指す名詞が示される。
  '쯤'は「大体」という意味を表す

  - ひとつきに一回くらい映画を見ます。
  - 一日に2杯くらいコーヒーを飲みます。
  - 一日に3時間くらい韓国語を学びます。
  - 一週間に2回くらいガールフレンドに会います。

- '에' 的前面加表示时间的词，后面跟表示行为频度数及单位的词，或者计数名词。
  '쯤'表示'大概、左右'的意思。

  - 一个月大概看一次电影。
  - 一天大约喝两杯咖啡。
  - 一天学习三个小时左右韩语。
  - 一周跟女朋友见两次左右面。

제9과

숙제도 하고 음악도 들었어요

I did my homework and listened to music as well

宿題もして音楽も聴きました

做了作业，也听了音乐

- **Objectives** to be able to talk about something you did in the past
- **Vocabulary** music, to listen
  Vocabulary related to daily life
- **Grammar** -었-, ㄷ 동사
- **Task** Talk about what you did yesterday
  Listen to what things were done and speak
  Read the journal and write

- 学習目標 過去にしたことを話すことができる
- 語彙 音楽, 聴く
  日常生活に関連する語彙
- 文法 -었-, ㄷ 동사
- 課題 昨日したことを話す
  昨日したことを聞いて話す
  日記を読んで書く

- 学习目标 能够表达过去做过的事情
- 词汇 音乐，听
  有关日常生活的词汇
- 语法 -었-, ㄷ 동사
- 课堂练习 说一说昨天做的事情
  听昨天所做事情并说一说
  阅读日记并写作

EN

Stefan	What did you do yesterday?
Shaoming	I went to a friend's house.
Stefan	What did you do at a friend's home?
Shaoming	I did my homework and listened to music as well.

JP

シュテファン	昨日何をしましたか。
シャオミン	友達の家に行きました。
シュテファン	友達の家で何をしましたか。
シャオミン	宿題もして音楽も聴きました。

CH

史蒂芬	你昨天做什么了?
小　明	我去朋友家了。
史蒂芬	在朋友家做什么了呢?
小　明	做了作业，也听了音乐。

문법

1 -었습니다/았습니다/였습니다

- This is placed after an action or descriptive verb stem as well as after a noun and is used to show that a certain action or condition has already happened.
- When the stem ends with the vowel '아' or '오', use '-았습니다'. When the stem ends with any other vowel, use '-었습니다'. If it ends with '하다', use '-였습니다', which is often changed to '-했습니다'.

- I came from Japan.
- I had a meal because I was hungry.
- I exercised with my friend.
- The scenery of Mt. Seorak was beautiful.

- ある動作や状態がすでに起きたことを表すときに使う。動詞や形容詞の語幹の後に、名詞の後に使用する。
- 語幹の母音が'아'や'오'で終わるときは'-았습니다'を、語幹の母音が他の母音で終わるときは'-었습니다'を、'하다'で終わるときは'-였습니다'を使用する。'-하였습니다'は普通'-했습니다'で使う。

- 私は日本から来ました。
- おなかが空いたのでご飯を食べました。
- 友達と一緒に運動をしました。
- 雪岳山の景色がとても美しかったです。

- 表示某种动作或状态是已经发生的情况。用于动词或形容词词干后以及名词后。
- 词干以元音'아'或'오'结尾时加'-았습니다'，词干以其他元音结尾时加'-었습니다'。以'하다'结尾时加'-였습니다'，一般写成'-했습니다'。

- 我从日本来的。
- 我肚子饿了，所以吃了饭。
- 跟朋友一起做了运动。
- 雪岳山的风景很美丽。

2 ㄷ 동사

- The ㄷ irregular verbs are some of the action verbs that have a final consonant of ㄷ.
- When the ㄷ irregular verb is followed by a vowel, the final consonant ㄷ changes to ㄹ.

- Ask the teacher.
- I listen to Korean songs a lot.
- Yuri comes to school on foot.
- Did you load up all the bags in the car?

- ㄷ不規則用言は動詞の語幹が'ㄷ'で終わる動詞の中の一部の動詞を言う。
- ㄷ不規則用言は母音で始まる語尾の前でパッチム'ㄷ'が'ㄹ'に変わる。

- 先生に聞いてみてください。
- 私は韓国の歌をよく聴きます。
- ユリさんは学校に歩いてきます。
- 荷物を全部車に載せましたか。

- ㄷ不规则谓词指的是动词词干以'ㄷ'结尾的动词中的一部分。
- ㄷ不规则谓词在以元音开始的词尾前时，收音'ㄷ'需换成'ㄹ'。

- 请你去问一下老师吧。
- 我经常听韩语歌。
- 有莉走路来学校。
- 行李都放到车上了吗?

EN

Cheonggyecheon

There is the Cheonggyecheon in the region of Chongno in Seoul. There are 22 bridges and many beautiful fountains. And because of the walking trail, many people go here.

JP

清渓川

ソウル市鐘路区には清渓川がある。清渓川には22個の橋があり、美しい噴水がたくさんある。散策路もあって多くの人が訪れる。

CH

清溪川

清溪川在首尔市钟路区。清溪川上有22座桥，并且有很多美丽的喷泉。因为有散步的路，所以有很多人去那里散步。

제10과

이것보다 긴 바지는 없어요?

You don't have any longer pants than these, do you?

これより長いズボンはないですか

没有比这条长的裤子吗?

- **Objectives** to be able to buy an item that you want
- **Vocabulary** to show, to be long, design, to suit one's taste/to like
  Descriptive verbs
- **Grammar** -은, ㄹ 동사
- **Task** Buy an item at the store
  Read and write a story about shopping
  Read a story about buying things and listen

- 学習目標 自分が欲しい物を買うことができる
- 語彙 見える、長い、デザイン、気に入る
  形容詞
- 文法 -은, ㄹ 동사
- 課題 お店で欲しいものを買う
  ショッピングした話を読んで書く
  物を買う話を読んで聞く

- 学习目标 能够购买自己想要的东西
- 词汇 看见，长，设计，称心
  形容词
- 语法 -은, ㄹ 동사
- 课堂练习 在商店购买自己想要的东西
  阅读关于购物的内容并写作
  阅读关于购物的内容并听一听

EN

Yuri	Please show me some pants.
Owner	Here they are.
Yuri	You don't have any pants longer than these, do you?
Owner	How do you like these?
Yuri	I like the design. Please give me this one.

JP

ユリ	ズボンをちょっと見せてください。
主人	はい、こちらです。
ユリ	これより長いズボンはないですか。
主人	このズボンはいかがですか。
ユリ	デザインが気に入ります。これください。

CH

有　莉	请给我看一下裤子吧。
店　主	在这里。
有　莉	没有比这条长的裤子吗?
店　主	这条裤子怎么样?
有　莉	设计我很称心。就给我这条吧。

문법

1 -은/ㄴ

- This is placed after a descriptive verb stem and is used to modify a noun that follows.
- When the stem ends with a consonant, use '-은'. When the stem ends with a vowel, use '-ㄴ'. When the stem ends with '-있다' or '-없다', use '-는'.

- The tall person is my older brother.
- Our teacher is a nice person.
- Michael, what work do you want to do?
- I like spicy food.

- 形容詞の語幹の後に付き前の言葉の後に来る名詞を修飾するときに使う。
- 語幹が子音で終わるときは'-은'を、語幹が母音で終わるときは'-ㄴ'を使う。語幹が '-있다' '-없다'で終わるときは'-는'を使う。

- 背の高い人がお兄さんです。
- 私の先生は親切な人です。
- マイケルさんはしたい仕事がなんですか。
- 私は辛い食べ物が好きです。

- 用在形容词词干后，用来修饰后面出现的名词。
- 词干以辅音结尾的加'-은'，以元音结尾的加'-ㄴ'。词干以'-있다'和'-없다'结尾时加'-는'。

- 个子高的是哥哥。
- 我们老师是个十分亲切的人。
- 麦克想做的事是什么？
- 我喜欢辣的菜。

문법

2 ㄹ 동사

- This is an action or descriptive verb that has the final consonant 'ㄹ'. When it is followed by an ending that begins with 'ㄴ, ㅂ, or ㅅ', the 'ㄹ' of the verb is deleted.

  - Yuri's house is far.
  - I live in the dormitory.
  - Do you know Youngju's phone number?
  - My mother makes bulgogi.

- 語幹が'ㄹ'で終わる動詞や形容詞を言う。語幹の後に'ㄴ, ㅂ, ㅅ'で始まる文型が来ると'ㄹ'が脱落する。

  - ユリさんの家が遠いです。
  - 私は寄宿舎で住みます。
  - ヨンジュさんの電話番号を知っていますか。
  - 母がプルコギを作ります。

- 指的是词干以'ㄹ'结尾的动词和形容词。如果遇到以'ㄴ、ㅂ、ㅅ'开头的词干类型，'ㄹ'脱落。

  - 有莉的家很远。
  - 我住在宿舍。
  - 你知道英珠的电话号码吗？
  - 妈妈在做烤肉。

EN

Shoe Size

In every country, there are different ways to measure shoe size. In Korea, we measure with millimeters. If the United States of America was 6.5, England was 4, France with 36.5, China with 37, and Japan with 23.5 cm, then in Korea, the shoe size would be 235.

JP

靴のサイズ

国ごとに靴のサイズを表示する方法が違うが、韓国はmmで表示する。アメリカの6.5、英国の4、フランスの36.5、中国の37、日本の23.5が韓国では235mmである。

CH

鞋的尺码

每个国家鞋的尺码的表示形式都不一样，韩国使用mm来表示。美国的6.5，英国的4，法国的36.5，中国的37，日本的23.5，在韩国是235mm。

제 11 과

동생에게 줄 지갑을 샀어요

I bought a wallet to give to my younger brother

妹にあげる財布を買いました

我买了送给弟弟的钱包

- **Objectives** to be able to talk about a shopping experience
- **Vocabulary** red color, this, hat
  Vocabulary related to colors
- **Grammar** ㅎ 동사, -는, -은, -을
- **Task** Talk about a shopping experience
  Read and write about a shopping story
  Listen to a story about a place of shopping and speak

- 学習目標 ショッピングの経験を話すことができる
- 語彙 赤、これが、帽子
  色に関連する語彙
- 文法 ㅎ 동사, -는, -은, -을
- 課題 ショッピングした経験を話す
  ショッピングした話を読んで書く
  ショッピングスポットの話を聞いて話す

- 学习目标 能够讲述购物的经历
- 词汇 红色，这是-，帽子
  有关颜色的词汇
- 语法 ㅎ 동사, -는, -은, -을
- 课堂练习 说一说购物的经历
  阅读关于购物的故事并写作
  听关于购物场所的内容并说一说

EN

Youngju	What did you buy at the department store yesterday?
Yuri	I bought a wallet to give to my younger brother.
Youngju	What else did you buy?
Yuri	I bought a red hat.
Youngju	Is this the hat you bought yesterday?

JP

ヨンジュ	昨日デパートで何を買いましたか。
ユリ	妹にあげる財布を買いました。
ヨンジュ	他に何を買いましたか。
ユリ	赤い帽子を買いました。
ヨンジュ	これが昨日買った帽子ですか。

CH

英 珠	你昨天在百货商店买什么了？
有 莉	我买了送给弟弟的钱包。
英 珠	还买什么了？
有 莉	还买了一顶红色的帽子。
英 珠	这是昨天买的帽子吗？

문법

1 ㅎ 동사

- The 'ㅎ' irregular descriptive verbs are some of the verbs that has the final consonant 'ㅎ', and is not conjugated by the regular rule.
- When the 'ㅎ' irregular verb is followed by an ending that begins with a vowel, the 'ㅎ' is deleted. With an ending that begins with '어/아', the 'ㅎ' is deleted and the '어' changes to 'ㅐ', and the '아' changes to 'ㅐ' and the '여', '야' change to 'ㅒ'.

- How's life in Korea?
- What kind of person do you like?
- I will buy a yellow umbrella.
- I like the color blue.

- 'ㅎ'不規則用言は形容詞の語幹が'ㅎ'で終わる一部の形容詞のことを言う。
- 'ㅎ'不規則用言は後に母音で始まる語尾が来るとパッチム'ㅎ'がなくなる。また後に'어/아'で始まる語尾が来るとパッチム'ㅎ'がなくなり'어/아'は'ㅐ'になり'여', '야'は'ㅒ'になる。

- 韓国生活がいかがですか。
- どんな人が好きですか。
- 黄色い傘を買います。
- 私は青色が好きです。

- 'ㅎ'不规则谓词指的是形容词词干以'ㅎ'结尾的一部分形容词。
- 'ㅎ'不规则谓词如果遇到以元音开头的词尾，收音'ㅎ'要脱落。此外，如果遇到以'어/아'开头的词尾，收音'ㅎ'也要脱落。而遇到'어'、'아'时，变成'ㅐ'，遇到'여'、'야'时，变成'ㅒ'。

- 韩国生活怎么样？
- 你喜欢什么样的人？
- 我要买黄色的雨伞。
- 我喜欢蓝色。

2 -는, -은/ㄴ, -을/ㄹ

- This is placed after an action verb stem and is used to modify a noun that follows. '-는' is used for the present tense, '-은/ㄴ' is used for the past tense, and '-을/ㄹ' is used for the future tense.
- When the action verb stem ends with a consonant, use '-은', '-을'. When the stem ends with a vowel, use '-ㄴ', '-ㄹ'.

- What food do you like?
- Where is the place that you live now?
- There is a lot to do at work tomorrow.
- The movie we watched last night was very fun.

- 動作の動詞の語幹の後に使い、前の言葉の後に来る名詞を修飾するとき使う。'-는'は現在、'-은/ㄴ'は過去、'-을/ㄹ'は未来の時制を表す。
- 動詞の語幹が子音で終わるときは '-은'、'-을'を使い、母音で終わるときは'-ㄴ'、'-ㄹ'を使う。

- 好きな食べ物が何ですか。
- 今住んでいるところがどこですか。
- 明日は会社でやることが多いです。
- 昨日の夜見た映画がとても面白かったです。

- 用在动作动词的词干后，修饰后面出现的名词。'-는'表示现在时，'-은/ㄴ'表示过去时，'-을/ㄹ'表示将来时。
- 动词词干以辅音结尾的加 '-은'、'-을'，以元音结尾的加 '-ㄴ'、'-ㄹ'。

- 你喜欢吃什么菜？
- 你现在住在哪儿？
- 明天在公司要做的事情很多。
- 昨天晚上看的电影真的很有意思。

제 12 과

친구를 만나서 무엇을 했어요?

What did you do when you met your friend?

友達に会ってから何をしましたか

跟朋友见面后做什么了?

- **Objectives** to be able to talk about what you did over the weekend
- **Vocabulary** to pass, all day long, meal
  Vocabulary related to weekend activities
- **Grammar** -어서[2], 만
- **Task** Speak about your weekend
  Listen to a story about the weekend and write
  Read about a weekend travel story and speak

- 学習目標 週末にしたことを話すことができる
- 語彙 過ぎる(週、月などについて前の、先), 一日中/朝から晩まで, 食事
  週末の活動に関連する語彙
- 文法 -어서[2], 만
- 課題 週末の話を話す
  週末の話を聞いて書く
  週末の旅行の話を読んで話す

- 学习目标 能够表达周末做的事情
- 词汇 过去, 整天, 用餐
  有关周末活动的词汇
- 语法 -어서[2], 만
- 课堂练习 说一说周末的故事
  听关于周末的故事并写作
  阅读关于周末旅行的故事并说一说

EN

Stefan	What did you do last weekend?
Shaoming	I was so tired that I slept all day long. What about you?
Stefan	I met a friend who came from my hometown.
Shaoming	What did you do when you met your friend?
Stefan	We ate dinner and watched a movie.

JP

シュテファン	先週末に何をしましたか。
シャオミン	疲れて一日中寝ていました。シュテファンさんは。
シュテファン	故郷から来た友達に会いました。
シャオミン	友達に会ってから何をしましたか。
シュテファン	晩ごはんを食べて映画を見ました。

CH

史蒂芬	上周末你都做什么了？
小　明	我因为很累，所以整天只睡觉了。你呢？
史蒂芬	我跟从故乡来的朋友见面了。
小　明	跟朋友见面后做什么了？
史蒂芬	吃完晚饭后看了电影。

문법

1 -어서/아서/여서[2]

- This is placed after an action verb stem and connects two actions in the order of when they occurred.
- When the vowel of the stem ends with '아' or '오', use '-아서'. When the vowel of the stem ends with any other vowel, use '-어서'. When it ends with '하다', use '-여서', which is usually changed to '-해서'. The tenses are not used in front of '-어서/아서/여서'.

- I will buy a gift and give it to my younger brother.
- I go to the library every day and do my homework.
- I met my friend yesterday and watched a movie.
- Please sit here and wait.

- 動詞の語幹の後に付き二つの動作を時間の順序によって連結する。
- 語幹の母音が'아'や'오'で終わるときは'-아서'を、語幹の母音が他の母音で終わるときは'-어서'を、'하다'で終わるときは'-여서'を使用する。'하여서'は普通'-해서'として使用する。'-어서/아서/여서'の前には時制を使用しない。

- プレゼントを買って妹にあげます。
- 私は毎日図書館に行って宿題をします。
- 私は昨日友達に会って映画を見ました。
- ここに座ってお待ちください。

- 用于动词词干后，表示两个动作发生的时间是连续的。
- 词干以元音'아'或者'오'结尾时加'-아서'，以其他元音结尾时加'-어서'，以'하다'结尾时加'-여서'，一般写成'-해서'。'-어서/아서/여서'前面的词干不出现时态变化。

- 买了礼物以后要送给弟弟(妹妹)。
- 我每天去图书馆做作业。
- 我昨天跟朋友见面以后看了电影。
- 坐在这儿等一会儿吧。

2 만

- This is placed after a noun or adverb and is used when there is a limit for something. It can also be used as a meaning for emphasis.

  - I just slept over the weekend.
  - I went to the department store and only looked around.
  - I only know that person's name.
  - Please give me a little more.

- 名詞や副詞の後であることを限定するときに使う。強調の意味でも使用する。

  - 週末に寝ることだけしました。
  - デパートに行って見物だけしました。
  - 私はその人の名前だけ知っています。
  - もうすこしだけください。

- 用于名词或副词后，表示对某种事物进行限定。也用于表示强调。

  - 周末只睡觉了。
  - 去百货商店只是逛了一下而已。
  - 我只知道那个人的名字。
  - 请再多给我一点儿。

문화

EN

Jeju Island

Jeju Island is Korea's most famous tourist attraction. Because there is so much wind, many women, and many rocks, Jeju Island is known as "삼다도". Many people go to Jeju Island because of the beautiful mountains and ocean.

JP

済州島

済州島は韓国で一番有名な観光地である。済州島には風、女、石が多く三多島と呼ばれる。
済州島には美しい山と海があり、多くの人が訪れる。

CH

济州岛

济州岛是韩国最有名的观光地。因为济州岛风多、女人多、石头多，所以把它叫做"三多岛"。因为济州岛有美丽的山和海，所以很多人都去那儿旅行。

제 13 과

볼링장은 너무 머니까 가지 맙시다

Let's not go to the bowling alley since it's too far

ボーリング場はとても遠いので行くのは止めましょう

保龄球馆太远了，我们别去了吧

- **Objectives** to be able to suggest a place for a meeting
- **Vocabulary** all, now, bowling alley, too, karaoke/singing room
  Vocabulary related to places
- **Grammar** -으니까, -지 말다
- **Task** Suggest a meeting place
  Read about a meeting and write
  Listen to a dialogue about a meeting place and speak

- 学習目標 集まりの場所を提案することができる
- 語彙 全部、今、ボーリング場、とても、カラオケ
  場所に関連する語彙
- 文法 -으니까, -지 말다
- 課題 集まりの場所を提案する
  集まりの話を読んで書く
  集まりの場所の話を聞いて話す

- 学习目标 能够提出聚会场所的建议
- 词汇 都，现在，保龄球馆，太，KTV(练歌房)
  有关场所的词汇
- 语法 -으니까, -지 말다
- 课堂练习 提出聚会场所的建议
  阅读关于聚会的文章并写作
  听关于聚会场所的内容并说一说

EN

Youngju	Have you finished eating?
Shaoming	Yes. So now where shall we go?
Youngju	Let's go bowling.
Shaoming	Let's not go to the bowling alley because it's too far.
Youngju	Then shall we go to karaoke nearby?
Shaoming	Yes, that sounds good.

JP

ヨンジュ	全部召し上がりましたか。
シャオミン	はい、今からどこに行きましょうか。
ヨンジュ	ボーリングをしに行きましょう。
シャオミン	ボーリング場はとても遠いので行くのは止めましょう。
ヨンジュ	では近いカラオケに行きましょうか。
シャオミン	はい、いいですよ。

CH

英 珠	你都吃完了吗？
小 明	是啊，我们现在去哪儿好呢？
英 珠	去打保龄球吧。
小 明	保龄球馆太远了，我们别去了吧。
英 珠	那么，我们去近一点儿的KTV，怎么样？
小 明	嗯，好啊。

문법

1 -으니까/니까

- This is placed after an action or descriptive verb stem or noun, and is used to show the reason or basis for judgment in the first clause for the content of the second clause.
- If the verb ends with a consonant, use '-으니까'. If the stem ends with a vowel, use '-니까'.

- Since I have an appointment, let's meet next time.
- Since the weather is cold, please wait inside.
- Shall we go somewhere else since it's expensive here?
- Let's depart since everyone has come.

- 動詞や形容詞の語幹の後に、名詞の後に付き前の内容が後の内容についての理由や判断の根拠であることを表す。
- 語幹が子音で終わるときは'-으니까'を、語幹が母音で終わるときは'-니까'を使用する。

- 約束があるので今度会いましょう。
- 寒いので中でお待ちください。
- ここは高いので他の場所に行きましょうか。
- みんな来たので出発しましょう。

- 用在动词或形容词词干后以及名词后，表示前面的内容是后面内容的理由或判断的根据。
- 词干以辅音结尾的加'-으니까'，词干以元音结尾的加'-니까'。

- 我有约会，下次再见面吧。
- 天气很冷，请到里面等吧。
- 这儿很贵，我们去别的地方好吗？
- 人都来了，我们出发吧。

문법

2 -지 말다

- This is placed after an action verb stem and is used to show prohibition for a certain action. '-지 말다' is usually used in the imperative or suggestive form.

  - Please do not take pictures.
  - Do not make noise in the library.
  - Let's not meet since I'm busy today.
  - Let's not go since the traffic is bad on the weekends.

- 動詞の語幹の後に付きある動作の禁止を表す。'-지 말다'は主に命令文や勧誘文に使われる。

  - 写真を撮らないでください。
  - 図書館で騒がないでください。
  - 今日は忙しいので会うのを止めましょう。
  - 週末には交通が複雑なので行くのは止めましょう。

- 用在动词词干后，表示禁止做某事。主要用于命令句和共动句中。

  - 别拍照了。
  - 图书馆里请勿喧哗。
  - 我今天很忙，所以我们别见面了。
  - 因为周末交通拥挤，所以别去了。

EN

Rooms of Korea

Even from long ago, Korea has had a development of a culture of various rooms, such as the 'inner room' reserved for women, or the 'reception room' where guests were welcomed in the home. The traditional room culture has developed into a room culture where several people can enjoy something together in one room. Some representative rooms are the 'heat room(Krean dry sauna),' 'singing room(karaoke),' 'board game room,' 'computer room,' and 'DVD room'.

JP

韓国の部屋（バン）

韓国は昔から女性たちの空間である内室、お客さんを迎える客間などいろいろな部屋の文化が発達した。伝統の部屋文化は現代社会で楽な部屋で大勢で一緒に何かを楽しめる部屋文化へ発達した。チムチルバン、カラオケ(ノレバン)、ボードゲームバン、PCバン、DVDバンなどが代表的だ。

CH

韩国的“房”

从很久以前开始，韩国的“房”文化就很发达，有专门供女性休闲的里屋、专门迎接客人的厢房等大量的“房”出现。传统的房文化与现代社会中各种为人们提供舒适服务，让人们休闲享受的房一起变得越来越发达。具有代表性的有桑拿房、KTV、棋牌游戏吧、网吧、录像厅等等。

제 14 과

지금 통화할 수 있어요?

Are you able to talk now?

今通話することができますか

你现在能通话吗？

- **Objectives** to be able to talk on the phone
- **Vocabulary** hello?, cellphone, to talk on the phone, phone number
  Vocabulary related to talking on the phone
- **Grammar** -지요?, -을 수 있다
- **Task** Ask for a phone number
  Read a phone conversation and write
  Listen to a phone conversation and speak

- 学習目標 電話で話すことができる
- 語彙 もしもし、携帯電話、通話する、電話番号
  通話に関連する語彙
- 文法 -지요?, -을 수 있다
- 課題 電話番号を聞く
  電話の話を読んで書く
  電話の話を聞いて話す

- 学习目标 能够打电话
- 词汇 喂，手机，通话，电话号码
  有关通话的词汇
- 语法 -지요?, -을 수 있다
- 课堂练习 询问电话号码
  阅读关于打电话的文章并写作
  听关于电话的内容并说一说

EN

Youngju	Hello? This is Stefan's cellphone, right?
Stefan	Yes, this is.
Youngju	I'm Youngju Kim. Are you able to talk now?
Stefan	Yes, what's up?
Youngju	Do you know Yuri's phone number?
Stefan	Yes, it's 010-1234-5678.

JP

ヨンジュ	もしもし。シュテファンさんの携帯電話でしょう。
シュテファン	はい、そうです。
ヨンジュ	私はキム·ヨンジュです。今通話することができますか。
シュテファン	はい。何の用ですか。
ヨンジュ	ユリさんの電話番号を知っていますか。
シュテファン	はい。010-1234-5678です。

CH

英 珠	喂？是史蒂芬的手机吧？
史蒂芬	嗯，是的。
英 珠	我是金英珠。你现在能通话吗？
史蒂芬	嗯。有什么事吗？
英 珠	你知道有莉的电话号码吗？
史蒂芬	知道。是010-1234-5678。

문법

1 -지요?

- This is placed after an action or descriptive verb stem and is used when you are asking a question to confirm something you already know.

  - The weather is hot, isn't it?
  - Rie speaks Korean well, doesn't she?
  - We learned this grammar lesson yesterday, didn't we?
  - Last week's test was hard, wasn't it?

- すでに知っていることを確認するように聞くときに使う。動詞や形容詞の語幹の後に付けて使用する。

  - 天気が暑いでしょう。
  - りえさんが韓国語が上手でしょう。
  - この文法を昨日習ったでしょう。
  - 先週受けた試験が難しかったでしょう。

- '-지요?'是表示对已经知道的事情进行确定的疑问形式。用于动词或形容词词干后。

  - 天气很热吧?
  - 李艾的韩语很好吧?
  - 这个语法昨天学过了吧?
  - 上周的考试很难吧?

2 -을/ㄹ 수 있다

- This is placed after an action verb stem and is used to show the ability to do something or the possibility of something. The negative form is '-을 수 없다.'
- When the action verb stem ends with a consonant, use '-을 수 있다'. When the stem ends with a vowel, use '-ㄹ 수 있다'.

- I can swim.
- I can cook Korean food.
- I can't sleep because it's so noisy.
- I can't go because I'm busy today.

- 動詞の語幹の後に付きあることをする能力があったり、あることが可能であることを表す。否定形では'-을/ㄹ 수 없다'を使う。
- 動詞の語幹が子音で終わるときは'-을 수 있다'を使い、母音で終わるときは'-ㄹ 수 있다'を使う。

- 私は水泳ができます。
- 韓国の食べ物を作ることができます。
- うるさくて眠れません。
- 今日は忙しくて行けません。

- 用在动词词干后，表示具有完成某事的能力或是完成某事的可能性。否定形式是'-을/ㄹ 수 없다'。
- 动词词干以辅音结尾时加'-을 수 있다'，动词词干以元音结尾时加'-ㄹ 수 있다'。

- 我会游泳。
- 我会做韩国菜。
- 因为太吵了，不能睡觉。
- 我今天太忙了，所以去不了了。

제15과

3주 동안 정말 즐거웠습니다

I had a great time during the last 3 weeks

3週の間とても楽しかったです

这三周过得很愉快

- **Objectives** to be able to share your thoughts or opinions
- **Vocabulary** life, yet, continuously, diligently
  Vocabulary related to emotions
- **Grammar** 동안, 못
- **Task** Talk about your life in Korea
  Listen to a story about life in Korea and speak
  Read about someone's thoughts and write a letter to classmates

- 学習目標 感想を話すことができる
- 語彙 生活、まだ、ずっと、一所懸命/熱心に
  感情に関連する語彙
- 文法 동안, 못
- 課題 韓国生活を話す
  韓国生活の話を聞いて話す
  感想を読んでクラスメートに手紙を書く

- 学习目标 能够表达自己的感想
- 词汇 生活，还，继续，认真地
  有关感情的词汇
- 语法 동안, 못
- 课堂练习 说一说韩国的生活
  听关于韩国生活的故事并说一说
  阅读关于感想的文章并给班上的朋友写信

EN

Teacher	How was your life in Korea?
Shaoming	I had a great time during the last 3 weeks.
Teacher	Did you learn a lot of Korean?
Shaoming	Yes, but I still don't know very much.
Teacher	Continue to study Korean.
Shaoming	Yes. I will study diligently.

JP

先生	韓国生活はいかがでしたか。
シャオミン	3週の間ほんとうに楽しかったです。
先生	韓国語をたくさん学びましたか。
シャオミン	はい、でもまだ上手にできません。
先生	韓国語をずっと勉強してください。
シャオミン	はい、一所懸命やるつもりです。

CH

老 师	韩国的生活怎么样？
小 明	这三周过得很愉快。
老 师	学了很多韩语了吗？
小 明	是啊，但是还差得远呢。
老 师	请继续学习韩语吧。
小 明	嗯，我会认真学习的。

문법

1 동안

- This is used after a noun to show how a certain action or state continues in time.

  - I exercised for 2 hours yesterday.
  - I studied Korean for one month.
  - I will travel during the vacation.
  - I didn't sleep for 2 days because I had so much work.

- 名詞の後に付きある動作や状態が持続される時間を表す。

  - 昨日2時間の間運動しました。
  - 一ヶ月間韓国語を勉強しました。
  - 休みの間旅行をするつもりです。
  - 仕事が多くて二日の間寝られませんでした。

- 用在名词后，表示某种动作或状态持续的时间。

  - 昨天做运动做了2个小时。
  - 学了一个月的韩语。
  - 放假期间我要去旅行。
  - 工作太多了，我两天没能睡觉。

2 못

- This is placed before an action verb to show that you cannot do a certain work or to show the lack of ability. It can also be used interchangeably with '-지 못하다.'

  - I couldn't go because I didn't have time.
  - I can't eat the topokki (a seasoned bar rice cake) because it's spicy.
  - I didn't do well on the test.
  - I can not drive very well.

- 動詞の前に付きあることをすることができなかったり、能力が不足することを表す。'-지 못하다'を代わりに使うこともできる。

  - 時間がなくていけませんでした。
  - トッポキが辛くて食べられません。
  - 試験がうまくいけませんでした。
  - 私は運転がうまくできません。

- 用在动词前面，表示不能做某事或是能力不足。可以与'-지 못하다'互换使用。

  - 没有时间，所以不能去了。
  - 炒年糕太辣了，我吃不了。
  - 考试考得不好。
  - 我开车开得不好。

부록

1. 번역
▸ 2. 문법 활용연습
3. 듣기 지문
4. 모범 답안
5. 색인

2. 문법 활용연습

제1과 저는 회사원입니다.

1. -입니다 -입니까?

Ⅰ. 보기 와 같이 문장을 만드십시오.

보기
한국 사람이에요. ➡ **한국 사람입니다.**
한국 사람이에요? ➡ **한국 사람입니까?**

1. 저는 김영주예요. ➡ ______________________.
2. 제 친구예요. ➡ ______________________.
3. 이것이 책이에요. ➡ ______________________.
4. 학생이에요? ➡ ______________________.
5. 이 사람이 누구예요? ➡ ______________________.

Ⅱ. 보기 와 같이 대화를 완성하십시오.

보기
가: 이름이 무엇입니까?
나: **샤오밍입니다.**

1. 가: 한국 사람입니까?
   나: 네, ______________________.
2. 가: 선생님입니까?
   나: 아니요, ______________________.
3. 가: ______________________?
   나: 네, 회사원입니다.
4. 가: 이것이 가방입니까?
   나: 아니요, ______________________.
5. 가: ______________________?
   나: 네, 책상입니다.

2. -습니다/ㅂ니다 -습니까?/ㅂ니까?

Ⅰ. **보기** 와 같이 문장을 만드십시오.

보기
숙제를 해요. ➡ **숙제를 합니다.**
어디에 가요? ➡ **어디에 갑니까?**

1. 백화점에 사람이 많아요. ➡ ______________________________.
2. 학생들이 교실에 있어요. ➡ ______________________________.
3. 고향에 가고 싶어요. ➡ ______________________________.
4. 한국말이 재미있어요? ➡ ______________________________.
5. 한국 음식을 좋아해요? ➡ ______________________________.

Ⅱ. **보기** 와 같이 대화를 완성하십시오.

보기
가: 마이클 씨, 어디에 갑니까?
나: **학교에 갑니다.**

1. 가: 한국 음식이 맛있습니까?
   나: 네, ______________________________.
2. 가: 방이 깨끗합니까?
   나: 아니요, ______________________________.
3. 가: 마이클 씨는 무엇을 배웁니까?
   나: ______________________________.
4. 가: 무엇을 하고 싶습니까?
   나: ______________________________.
5. 가: ______________________________?
   나: 학교에 갑니다.

제2과 집에서 학교까지 얼마나 걸려요?

1. 으로/로

Ⅰ. **보기** 와 같이 쓰십시오.

보기 부산 / 갑니다 ➡ **부산으로 갑니다.**

1. 고향 / 가요 ➡ ______________________.
2. 연필 / 씁니다 ➡ ______________________.
3. 볼펜 / 써요 ➡ ______________________.
4. 버스 / 학교에 와요 ➡ ______________________.
5. 한국말 / 이야기하세요 ➡ ______________________.

Ⅱ. **보기** 와 같이 대화를 완성하십시오.

보기
가: 학교에 어떻게 갑니까?
나: **버스로 갑니다.**

1. 가: 명동에 어떻게 가요?
   나: ______________________.
2. 가: 고향에 어떻게 가요?
   나: ______________________.
3. 가: 공책에 무엇으로 씁니까?
   나: ______________________
4. 가: 이 버스는 어디로 갑니까?
   나: ______________________.
5. 가: 친구와 어느 나라 말로 이야기합니까?
   나: ______________________.

2. 에서 ~까지

Ⅰ. 보기 와 같이 대화를 완성하십시오.

보기 가: 집에서 학교까지 얼마나 걸려요?
나: 지하철로 25분 걸려요.

1. 가: ____________________? (강남 - 신촌)
   나: 지하철로 45분 걸립니다.
2. 가: ____________________? (명동 - 서울역)
   나: 택시로 15분 걸립니다.
3. 가: ____________________? (학교 - 회사)
   나: 버스로 20분 걸려요.
4. 가: ____________________? (서울 - 부산)
   나: 기차로 3시간쯤 걸려요.
5. 가: ____________________? (서울 - 뉴욕)
   나: 비행기로 13시간 걸려요.

Ⅱ. 다음 표를 보고 보기 와 같이 대화를 완성하십시오.

보기 KTX 서울 → 부산 14:00 | 17:00
가: 서울에서 부산까지 얼마나 걸립니까?
나: 기차로 3시간 걸립니다.

1. KTX 서울 → 경주 7:30 | 9:30
   가: 서울에서 경주까지 얼마나 걸려요?
   나: ____________________.
2. 비행기 서울 → 제주도 16:00 | 17:00
   가: ____________________?
   나: 비행기로 한 시간쯤 걸립니다.
3. 비행기 인천 → 파리 8:00 | 20:00
   가: 인천에서 파리까지 얼마나 걸립니까?
   나: ____________________.
4. 버스 서울 → 강릉 9:00 | 12:00
   가: ____________________?
   나: 버스로 3시간 걸립니다.
5. 배 부산 → 후쿠오카 17:30 | 20:30
   가: ____________________?
   나: ____________________.

제3과 저기 백화점 앞에서 세워 주세요.

1. -읍시다/ㅂ시다

Ⅰ. 보기 와 같이 바꾸십시오.

보기 학교에 갑니다. ➡ <u>학교에 갑시다.</u>

1. 점심을 먹습니다. ➡ ______________________.
2. 내일 도서관에서 만납니다. ➡ ______________________.
3. 주말에 운동을 합니다. ➡ ______________________.
4. 택시를 탑니다. ➡ ______________________.
5. 커피를 마십니다. ➡ ______________________.

Ⅱ. 보기 와 같이 대화를 완성하십시오.

보기
가: 어디에서 만날까요?
나: <u>도서관 앞에서 만납시다.</u>

1. 가: 백화점에 갈까요?
   나: 네, ______________________.
2. 가: 영화를 볼까요?
   나: 네, ______________________.
3. 가: 무슨 음식을 먹을까요?
   나: ______________________.
4. 가: 어디에 갈까요?
   나: ______________________.
5. 가: 언제 만날까요?
   나: ______________________.

2. -어/아/여 주다

Ⅰ. 보기 와 같이 바꾸십시오.

보기 문을 닫습니다. ➡ 문을 닫아 주십시오.

1. 명동으로 갑니다. ➡ ____________________.
2. 백화점 앞에서 세웁니다. ➡ ____________________.
3. 사이다를 삽니다. ➡ ____________________.
4. 여기에서 기다립니다. ➡ ____________________.
5. 일본어를 가르칩니다. ➡ ____________________.

Ⅱ. 그림을 보고 보기 와 같이 쓰십시오.

보기  전화번호를 가르쳐 주세요.

1.  ____________________.

2.  ____________________.

3.  ____________________.

4.  ____________________.

5.  ____________________.

제4과 비가 오고 바람도 불어요.

1. -고[1]

Ⅰ. **보기** 와 같이 문장을 만드십시오.

한국말이 쉽습니다.	깨끗합니다.
제 방이 큽니다.	저 분은 선생님입니다.
음식이 비쌉니다.	재미있습니다.
영주 씨가 예쁩니다.	맛없습니다.
마이클 씨는 미국 사람입니다.	친절합니다.
이 분은 의사입니다.	리에 씨는 일본 사람입니다.

보기 한국말이 쉽고 재미있습니다.

1. ______________________.
2. ______________________.
3. ______________________.
4. ______________________.
5. ______________________.

Ⅱ. **보기** 와 같이 대화를 완성하십시오.

보기
가: 학생식당이 어떻습니까?
나: 싸고 맛있습니다.

1. 가: 오늘 날씨가 어떻습니까?
   나: ______________________.
2. 가: 한국 친구가 어떻습니까?
   나: ______________________.
3. 가: 동대문 시장이 어떻습니까?
   나: ______________________.
4. 가: 우리 교실이 어떻습니까?
   나: ______________________.
5. 가: 한국말 공부가 어떻습니까?
   나: ______________________.

2. 보다

Ⅰ. **보기** 와 같이 문장을 완성하십시오.

보기	한국어	영어 ✓	➡ 한국어보다 영어를 잘해요. (잘하다)

1. 제 방 | 교실 ➡ ______________________. (크다)
2. 불고기 | 삼겹살 ➡ ______________________. (좋아하다)
3. 백화점 | 시장 ➡ ______________________. (비싸다)
4. 한국 친구 | 일본 친구 ➡ ______________________. (많다)
5. 기숙사 | 하숙집 ➡ ______________________. (좋다)

Ⅱ. **보기** 와 같이 대화를 완성하십시오.

보기
가: 고향이 따뜻해요? 서울이 따뜻해요?
나: **고향이 서울보다 따뜻해요.**

1. 가: 말하기가 어려워요? 쓰기가 어려워요?
   나: ______________________.
2. 가: 한국이 추워요? 고향이 추워요?
   나: ______________________.
3. 가: 영화가 재미있어요? 책이 재미있어요?
   나: ______________________.
4. 가: 불고기가 맛있어요? 삼겹살이 맛있어요?
   나: ______________________.
5. 가: 마이클 씨가 한국말을 잘해요? 유리 씨가 한국말을 잘해요?
   나: ______________________.

제5과 맵지만 맛있어요.

1. -어서/아서/여서[1]

Ⅰ. **보기** 와 같이 문장을 만드십시오.

날씨가 좋습니다.	극장에 사람이 많습니다.
친구 생일입니다.	그 식당에 갑니다.
집에서 학교까지 가깝습니다.	걸어서 옵니다.
돈이 없습니다.	선물을 삽니다.
음식이 맛있습니다.	공원에 갑니다.
영화가 재미있습니다.	아르바이트를 합니다.

보기 **날씨가 좋아서 공원에 갑니다.**

1. ______________________________.
2. ______________________________.
3. ______________________________.
4. ______________________________.
5. ______________________________.

Ⅱ. **보기** 와 같이 대화를 완성하십시오.

보기
가: 왜 학생 식당에 자주 가요?
나: **음식이 싸고 맛있어서 자주 가요.**

1. 가: 왜 동대문시장에 자주 가요?
   나: ______________________________.
2. 가: 왜 그 가방을 안 사요?
   나: ______________________________.
3. 가: 왜 김치를 안 먹어요?
   나: ______________________________.
4. 가: 왜 택시를 타요?
   나: ______________________________.
5. 가: 그 가수를 왜 좋아해요?
   나: ______________________________.

2. -지만

Ⅰ. **보기** 와 같이 문장을 만드십시오.

보기 비빔밥은 맵습니다. 맛있습니다. ➡ **비빔밥은 맵지만 맛있습니다.**

1. 이 책은 어렵습니다. 재미있습니다. ➡ ______________________.
2. 지하철은 빠릅니다. 사람이 많습니다. ➡ ______________________.
3. 갈비가 비쌉니다. 맛있습니다. ➡ ______________________.
4. 이 신발이 예쁩니다. 비쌉니다. ➡ ______________________.
5. 내 방은 크지 않습니다. 좋습니다. ➡ ______________________.

Ⅱ. **보기** 와 같이 대화를 완성하십시오.

보기
가: 한국말 공부가 재미있어요?
나: 네, **어렵지만 재미있어요.**

1. 가: 기숙사가 큽니까?
   나: 네, ______________________.
2. 가: 김치찌개가 맛있습니까?
   나: 네, ______________________.
3. 가: 택시가 어때요?
   나: ______________________.
4. 가: 한국말 공부가 어때요?
   나: ______________________.
5. 가: 백화점이 어때요?
   나: ______________________.

제6과 여기에서 드시겠어요?

1. -으시/시-

Ⅰ. **보기** 와 같이 쓰십시오.

보기 동생이 집에 갑니다. ➡ **아버지께서 집에 가십니다.**

1. 영주가 빵을 먹습니다. ➡ 선생님께서 ______________________.
2. 친구가 말합니다. ➡ 선생님께서 ______________________.
3. 오빠가 텔레비전을 봅니다. ➡ 아버지께서 ______________________.
4. 동생이 방에서 잡니다. ➡ 어머니께서 ______________________.
5. 누나가 책을 읽습니다. ➡ 아버지께서 ______________________.

Ⅱ. **보기** 와 같이 대화를 완성하십시오.

보기
가: 아버지께서 무엇을 하십니까?
나: **책을 읽으십니다.**

1. 가: 어머니께서 이야기를 하십니까?
   나: 네, ______________________.
2. 가: 이 선생님께서 컴퓨터를 가르치십니까?
   나: 네, ______________________.
3. 가: 어머니께서 무엇을 하십니까?
   나: ______________________.
4. 가: 아버지께서 어디에 계십니까?
   나: ______________________.
5. 가: 샤오밍 씨, 지금 무엇을 드십니까?
   나: ______________________.

2. -겠-

Ⅰ. **보기** 와 같이 쓰십시오.

보기 불고기를 먹습니다. ➡ **불고기를 먹겠습니다.**

1. 내일 옵니다. ➡ ______________________.
2. 제가 읽습니다. ➡ ______________________.
3. 부모님과 인사동에 갑니다. ➡ ______________________.
4. 아침 7시에 일어납니다. ➡ ______________________.
5. 컴퓨터 게임을 하지 않습니다. ➡ ______________________.

Ⅱ. **보기** 와 같이 대화를 완성하십시오.

보기
가: 친구와 무엇을 하겠습니까?
나: **영화를 보겠습니다.**

1. 가: 방학에 어디에 가겠습니까?
   나: ______________________.
2. 가: 어디에서 내리시겠습니까?
   나: ______________________.
3. 가: 무슨 과일을 사겠습니까?
   나: ______________________.
4. 가: 주말에 무엇을 하겠습니까?
   나: ______________________.
5. 가: 몇 시에 오시겠습니까?
   나: ______________________.

제7과 이따가 같이 사러 갑시다.

1. -을까요?/ㄹ까요? -으십시오/십시오

I. **보기** 와 같이 대화를 완성하십시오.

> **보기**
> 가: 뭘 살까요?
> 나: <u>꽃을 사십시오.</u>

1. 가: 제가 뭘 준비할까요? 나: ______________________.
2. 가: 어디에서 기다릴까요? 나: ______________________.
3. 가: 언제 갈까요? 나: ______________________.
4. 가: 제가 뭘 할까요? 나: ______________________.
5. 가: ______________? 나: 시장에서 사십시오.

II. **보기** 와 같이 대화를 완성하십시오.

> **보기**
> 
> 가: 어디에 앉을까요?
> 나: <u>의자에 앉으십시오.</u>

1. 

가: 어디에서 살까요?
나: ______________________________.

2. 
가: 뭘 드릴까요?
나: ______________________________.

3. 
가: 무엇을 준비할까요?
나: ______________________________.

4. 
가: 몇 시에 갈까요?
나: ______________________________.

5. 
가: ______________________________?
나: 네, 책을 읽으십시오.

2. -으러/러

Ⅰ. 다음을 연결하고 **보기** 와 같이 한 문장으로 만드십시오.

생일 선물을 삽니다.	문구점에 갑니다.
공부를 합니다.	서점에 갑니다.
영화를 봅니다.	커피숍에 갑니다.
공책을 삽니다.	백화점에 갑니다.
친구를 만납니다.	도서관에 갑니다.
책을 삽니다.	극장에 갑니다.

보기 **생일 선물을 사러 백화점에 갑니다.**

1. ______________________________.
2. ______________________________.
3. ______________________________.
4. ______________________________.
5. ______________________________.

Ⅱ. 이야기를 완성하십시오.

보기 점심을 먹다 / 음료수를 사다 / 운동을 하다 / 숙제를 하다 / 한국말을 배우다 / 차를 마시다

저는 아침 7시에 **운동을 하러**으러/러 공원에 갑니다. 8시에 아침을 먹습니다.
9시에 1. ______________________으러/러 학교에 갑니다.
한국말 공부가 어렵지만 재미있습니다.
1시에 친구들과 같이 2. ______________________으러/러 학생식당에 갑니다.
2시에 3. ______________________으러/러 커피숍에 갑니다.
4시에 4. ______________________으러/러 도서관에 갑니다.
6시에 5. ______________________으러/러 슈퍼마켓에 갑니다.
10시에 잡니다.

제8과 저는 일주일에 두 번쯤 수영을 해요.

1. -고²

Ⅰ. **보기** 와 같이 문장을 완성하십시오.

보기 밥을 먹습니다. 차를 마십니다. ➡ **밥을 먹고 차를 마십니다.**

1. 아침을 먹습니다. 학교에 갑니다. ➡ ______________________.
2. 숙제를 합니다. 컴퓨터를 합니다. ➡ ______________________.
3. 영화를 봅니다. 커피를 마십니다. ➡ ______________________.
4. 아르바이트를 합니다. 집에 갑니다. ➡ ______________________.
5. 저녁을 먹습니다. 산책합니다. ➡ ______________________.

Ⅱ. **보기** 와 같이 대화를 완성하십시오.

보기
가: 오늘 오후에 무엇을 하겠습니까?
나: **점심을 먹고 도서관에 가겠습니다.**

1. 가: 점심을 먹고 무엇을 합니까?
   나: ______________________.
2. 가: 아르바이트를 하고 무엇을 하겠습니까?
   나: ______________________.
3. 가: 오늘 저녁에 무엇을 하겠습니까?
   나: ______________________.
4. 가: 주말에 무엇을 합니까?
   나: ______________________.
5. 가: 오후에 무엇을 할까요?
   나: ______________________.

2. 에 -쯤

Ⅰ. **보기** 와 같이 문장을 완성하십시오.

보기 하루 / 두 시간 / 숙제를 해요. ➡ **하루에 두 시간쯤 숙제를 해요.**

1. 일주일 / 두 번 / 고향 음식을 먹어요. ➡ ______________________.
2. 일주일 / 한 번 / 축구를 해요. ➡ ______________________.
3. 일주일 / 세 번 / 여자 친구를 만나요. ➡ ______________________.
4. 한 달 / 두 번 / 시장에 가요. ➡ ______________________.
5. 두 달 / 한 번 / 영화를 봐요. ➡ ______________________.

Ⅱ. **보기** 와 같이 대화를 완성하십시오.

보기
가: 얼마나 자주 축구를 해요?
나: **한 달에 두 번쯤 축구를 해요.**

1. 가: 얼마나 자주 운동을 해요?
   나: ______________________.
2. 가: 얼마나 자주 술을 마셔요?
   나: ______________________.
3. 가: 일주일에 몇 번쯤 친구를 만나요?
   나: ______________________.
4. 가: 한 달에 몇 번쯤 쇼핑해요?
   나: ______________________.
5. 가: 하루에 몇 시간쯤 컴퓨터를 해요?
   나: ______________________.

제9과 숙제도 하고 음악도 들었어요.

1. –었습니다/았습니다/였습니다

Ⅰ. 표를 완성하십시오.

-았습니다		-었습니다		-였습니다	
앉다	앉았습니다	먹다	먹었습니다	공부하다	공부했습니다
살다		멀다		숙제하다	
많다		만들다		좋아하다	
좋다		재미있다		운동하다	
가다		배우다		구경하다	
아프다		예쁘다		깨끗하다	
오다		마시다		친절하다	
보다		주다		조용하다	

Ⅱ. 보기 와 같이 대화를 완성하십시오.

보기
가: 언제 한국에 왔어요?
나: <u>3월에 왔습니다.</u>

1. 가: 백화점에서 무엇을 샀어요?
   나: ______________________________.
2. 가: 어제 몇 시에 잤어요?
   나: ______________________________.
3. 가: 토요일에 친구와 어디에 갔어요?
   나: ______________________________.
4. 가: 어제 수업이 끝나고 무엇을 했어요?
   나: ______________________________.
5. 가: 영화가 어땠어요?
   나: ______________________________.

2. ㄷ 동사

Ⅰ. 표를 완성하십시오.

	-습니다/ㅂ니다	-어요/아요/여요	-어서/아서/여서	-었어요/았어요/였어요	-을까요?/ㄹ까요?
걷다	걷습니다				
듣다				들었어요	
묻다		물어요			
싣다					실을까요?
받다			받아서		
닫다					닫을까요?

Ⅱ. **보기** 와 같이 쓰십시오.

보기 뉴스를 들을까요? ~~을까요?/ㄹ까요?~~ (듣다)

1. 집에서 학교까지 ______________________ 어서/아서/여서 15분쯤 걸려요. (걷다)

2. 저녁에 숙제도 하고 음악도 ______________________ 었어요/았어요/였어요. (듣다)

3. 옷 가게에서 값을 ______________________ 었어요/았어요/였어요. (묻다)

4. 가방을 차에 ______________________ 을까요?/ㄹ까요? (싣다)

5. 어제 친구에게 선물을 ______________________ 었어요/았어요/였어요. (받다)

제10과 이것보다 긴 바지는 없어요?

1. -은/ㄴ

Ⅰ. **보기** 와 같이 바꾸십시오.

보기 비쌉니다 / 옷을 샀습니다. ➡ **비싼 옷을 샀습니다.**

1. 좋습니다 / 책을 읽으세요. ➡ ____________________.
2. 예쁩니다 / 꽃이 많습니다. ➡ ____________________.
3. 춥습니다 / 날씨를 싫어합니다. ➡ ____________________.
4. 머리가 깁니다 / 사람이 제 친구예요. ➡ ____________________.
5. 가고 싶습니다 / 나라가 어디예요? ➡ ____________________.

Ⅱ. **보기** 와 같이 대화를 완성하십시오.

보기
가: 어떤 사람이 좋아요?
나: **친절한** 사람이 좋아요.

1. 가: 어떤 음식을 좋아해요?
   나: ____________________.
2. 가: 어떤 집에서 살고 싶어요?
   나: ____________________.
3. 가: 어떤 영화를 좋아하세요?
   나: ____________________.
4. 가: 이 가방은 어때요?
   나: 그건 너무 커요. ____________________.
5. 가: 어떤 차를 사고 싶어요?
   나: ____________________.

2. ㄹ 동사

Ⅰ. 표를 완성하십시오.

	-습니다/ㅂ니다	-으십시오/십시오	-읍시다/ㅂ시다
알다	압니다		
살다			
만들다			만듭시다
멀다			
길다			

Ⅱ. **보기** 와 같이 대화를 완성하십시오.

> **보기**
> 가: 스테판 씨를 알아요?
> 나: 네, **압니다.**

1. 가: 집이 가까워요?
   나: 아니요, ______________________ 습니다/ㅂ니다.
2. 가: 무엇을 만들까요?
   나: ______________________ 읍시다/ㅂ시다.
3. 가: 바지가 길어요?
   나: 네, ______________________ 습니다/ㅂ니다.
4. 가: 어디에서 살아요?
   나: ______________________ 습니다/ㅂ니다.
5. 가: 이게 마음에 들어요?
   나: 네, ______________________ 습니다/ㅂ니다.

제11과 동생에게 줄 지갑을 샀어요.

1. ㅎ 동사

Ⅰ. 빈 칸을 채우십시오.

	-어요/아요/여요	-어서/아서/여서	-은/ㄴ
빨갛다			
파랗다			파란
노랗다		노래서	
하얗다	하얘요		
까맣다	까매요		
어떻다		어때서	
그렇다			그런

Ⅱ. **보기** 와 같이 대화를 완성하십시오.

> **보기**
> 가: 무슨 색 꽃을 사고 싶어요? (빨갛다)
> 나: **빨간색 꽃을 사고 싶어요.**

1. 가: 무슨 색을 좋아해요? (파랗다)
   나: ______________________________.
2. 가: 어제 무슨 색 가방을 샀어요? (노랗다)
   나: ______________________________.
3. 가: 영수 씨가 무슨 색 바지를 입었어요? (하얗다)
   나: ______________________________.
4. 가: 미선 씨는 무슨 색 구두가 있어요? (까맣다)
   나: ______________________________.
5. 가: ______________________________? (어떻다)
   나: 한국 생활이 아주 재미있어요.

2. -는, -은/ㄴ, -을/ㄹ

Ⅰ. **보기** 와 같이 문장을 만드십시오.

> **보기** 어제 먹었습니다. 갈비가 맛있었습니다. ➡ **어제 먹은 갈비가 맛있었습니다.**

1. 김치를 좋아합니다. 외국인이 많습니다.

   ➡ ______________________________.

2. 지금 읽습니다. 책이 교과서입니다.

   ➡ ______________________________.

3. 어제 만났습니다. 사람이 제 고향 친구입니다.

   ➡ ______________________________.

4. 이것은 어제 샀습니다. 시계입니다.

   ➡ ______________________________.

5. 동생에게 주겠습니다. 선물을 사겠습니다.

   ➡ ______________________________.

Ⅱ. **보기** 와 같이 맞는 것을 고르십시오.

> **보기**
> 저는 일본에서 오는 리에입니다. (　　)
> 저는 일본에서 온 리에입니다. (O)

1. 어제 **만든** 음식이 맛있었습니다. (　　)
   어제 **만들** 음식이 맛있었습니다. (　　)
2. 치마를 **입은** 사람이 누구예요? (　　)
   치마를 **입는** 사람이 누구예요? (　　)
3. 내일 우리가 **본** 영화가 무엇입니까? (　　)
   내일 우리가 **볼** 영화가 무엇입니까? (　　)
4. 지금 **읽은** 책은 한국어 책입니다. (　　)
   지금 **읽는** 책은 한국어 책입니다. (　　)
5. 명동에 **있는** 옷 가게에 갔어요. (　　)
   명동에 **있은** 옷 가게에 갔어요. (　　)

제12과 친구를 만나서 무엇을 했어요?

1. –어서/아서/여서[2]

Ⅰ. 두 문장을 **보기** 와 같이 한 문장으로 만드십시오.

보기 샤오밍 씨는 꽃을 삽니다. 그 꽃을 여자 친구에게 주겠습니다.
➡ **샤오밍 씨는 꽃을 사서 여자 친구에게 주겠습니다.**

1. 나는 도서관에 갑니다. 그 도서관에서 공부를 합니다.

➡ ______________________________.

2. 카드를 씁니다. 그 카드를 친구에게 줍니다.

➡ ______________________________.

3. 차를 빌립니다. 그 차를 타고 시내를 구경했습니다.

➡ ______________________________.

4. 친구를 만났습니다. 그 친구와 같이 영화를 봤습니다.

➡ ______________________________.

5. 김밥을 만들었습니다. 그 김밥을 친구들과 같이 먹었습니다.

➡ ______________________________.

Ⅱ. 맞는 문장을 고르십시오.

보기
백화점에 **가고** 모자를 샀어요. (   )
백화점에 **가서** 모자를 샀어요. (O)

1. 따뜻한 옷을 **입고** 오세요. (   )
   따뜻한 옷을 **입어서** 오세요. (   )
2. 아침에 **일어나고** 운동을 했습니다. (   )
   아침에 **일어나서** 운동을 했습니다. (   )
3. 점심을 **먹고** 도서관에 가겠습니다. (   )
   점심을 **먹어서** 도서관에 가겠습니다. (   )
4. 친구에게 생일 카드를 **쓰고** 주었어요. (   )
   친구에게 생일 카드를 **써서** 주었어요. (   )
5. 버스를 **타고** 학교에 갑니다. (   )
   버스를 **타서** 학교에 갑니다. (   )

2. 만

Ⅰ. **보기** 와 같이 쓰십시오.

보기 한국 음악 ➡ **저는 한국 음악만 들어요.**

1. 한식 ➡ ______________________.
2. 한국 친구 ➡ ______________________.
3. 수영 ➡ ______________________.
4. 맥주 ➡ ______________________.
5. 녹차 ➡ ______________________.

Ⅱ. **보기** 와 같이 대화를 완성하십시오.

보기
가: 무슨 술을 마셔요? (맥주)
나: **저는 맥주만 마셔요.**

1. 가: 아침에 뭘 드셨어요? (과일)
   나: ______________________.
2. 가: 부모님을 자주 만나요? (전화)
   나: 아니요, ______________________.
3. 가: 케이크도 드시겠어요? (커피)
   나: 아니요, ______________________.
4. 가: 마음에 드는 신발을 샀어요? (구경)
   나: 아니요, ______________________.
5. 가: 무슨 운동을 좋아해요? (축구)
   나: ______________________.

1. -으니까/니까

Ⅰ. 다음을 연결하고 **보기** 와 같이 한 문장으로 만드십시오.

오늘은 바쁩니다.	우산을 준비하세요.
유리 씨는 음악을 좋아합니다.	식당에 갑시다.
다리가 아픕니다.	시장에 가요.
비가 옵니다.	내일 만납시다.
백화점은 비쌉니다.	CD를 살까요?
배가 고픕니다.	잠깐 쉽시다.

보기 **오늘은 바쁘니까 내일 만납시다.**

1. ______________________________.
2. ______________________________.
3. ______________________________.
4. ______________________________.
5. ______________________________.

Ⅱ. **보기** 와 같이 대화를 완성하십시오.

보기
가: 오늘 저녁에 만날까요?
나: **오늘 저녁은 바쁘니까 내일 저녁에 만나요.**

1. 가: 주말에 뭘 할까요?
   나: ______________________________.
2. 가: 오늘 같이 영화 보러 갈까요?
   나: ______________________________.
3. 가: 지하철을 탈까요?
   나: ______________________________.
4. 가: 유리 씨 생일입니다. 무슨 선물을 살까요?
   나: ______________________________.
5. 가: 호텔 식당에 갈까요?
   나: ______________________________.

2. -지 말다

Ⅰ. 다음을 연결하고 **보기** 와 같이 한 문장으로 만드십시오.

여기는 도서관입니다.	드시지 마세요.
공원에 사람이 많습니다.	보지 마세요.
가방이 비쌉니다.	이야기하지 마세요.
영화가 재미없습니다.	밖에 나가지 맙시다.
술은 건강에 나쁩니다.	가지 맙시다.
날씨가 춥습니다.	사지 마세요.

보기 여기는 도서관이니까 이야기하지 마세요.

1. ______________________________.
2. ______________________________.
3. ______________________________.
4. ______________________________.
5. ______________________________.

Ⅱ. **보기** 와 같이 대화를 완성하십시오.

보기
가: 오늘 영화를 볼까요?
나: 다음 주에 시험이 있으니까 보지 맙시다.

1. 가: 이 시계를 살까요?
   나: ______________________________.
2. 가: 밖에 나갈까요?
   나: ______________________________.
3. 가: 주말에 등산을 하러 갈까요?
   나: ______________________________.
4. 가: 커피를 마시러 갈까요?
   나: ______________________________.
5. 가: 택시를 탈까요?
   나: ______________________________.

제14과 지금 통화할 수 있어요?

1. -지요?

Ⅰ. **보기** 와 같이 문장을 만드십시오.

보기 불고기가 맛있습니까? ➡ **불고기가 맛있지요?**

1. 제니 씨는 영국 사람입니까? ➡ ______________________?
2. 영수 씨는 야구를 좋아합니까? ➡ ______________________?
3. 내일 시험이 있습니까? ➡ ______________________?
4. 꽃이 예쁩니까? ➡ ______________________?
5. 어제 종로에 갔습니까? ➡ ______________________?

Ⅱ. **보기** 와 같이 대화를 완성하십시오.

보기

가: 마리아 씨가 한국말을 잘 하지요?

나: 네, 잘 해요.

1. 

가: ______________________?

나: 네, 어려웠어요.

2. 

가: ______________________?

나: 네, 더워요.

3. 

가: ______________________?

나: 네, 비싸요.

4. 

가: ______________________?

나: 네, 잘 해요.

5. 

가: ______________________?

나: 네, 복잡해요.

2. -을/ㄹ 수 있다

Ⅰ. **보기** 와 같이 대화를 완성하십시오.

> **보기**
> 가: 일본어를 할 수 있어요?
> 나: **네, 일본어를 할 수 있어요.**

1. 가: 김밥을 만들 수 있어요?
   나: 네, ________________________________.
2. 가: 한국어 책을 읽을 수 있어요?
   나: 네, ________________________________.
3. 가: 수영을 할 수 있어요?
   나: 아니요, ________________________________.
4. 가: 한국말로 전화할 수 있어요?
   나: 아니요, ________________________________.
5. 가: 맥주를 마실 수 있어요?
   나: 아니요, ________________________________.

Ⅱ. **보기** 와 같이 대화를 완성하십시오.

보기

가: 오늘 오후에 같이 농구할 수 있어요?
나: 아니요, **할 수 없어요.**
가: 왜 **할 수 없어요?**
나: 숙제가 많아서 ~~어서/아서/여서~~ **할 수 없어요.**

1. 가: 이번 토요일에 같이 점심을 먹을 수 있어요?
   나: 아니요, ______________________.
   가: 왜 ______________________?
   나: ______________ 어서/아서/여서 ______________.

2. 가: 영수 씨 생일 파티에 갈 수 있어요?
   나: 아니요, ______________________.
   가: 왜 ______________________?
   나: ______________ 어서/아서/여서 ______________.

3. 가: 주말에 같이 탁구를 칠 수 있어요?
   나: 아니요, ______________________.
   가: 왜 ______________________?
   나: ______________ 어서/아서/여서 ______________.

4. 가: 방학에 여행을 갈 수 있어요?
   나: 아니요, ______________________.
   가: 왜 ______________________?
   나: ______________ 어서/아서/여서 ______________.

5. 가: 내일 저녁에 만날 수 있어요?
   나: 아니요, ______________________.
   가: 왜 ______________________?
   나: ______________ 어서/아서/여서 ______________.

제15과 3주 동안 정말 즐거웠습니다.

1. 동안

Ⅰ. **보기** 와 같이 쓰십시오.

> **보기** 두 시간 / 운동을 했습니다.
> ➡ **두 시간 동안 운동을 했습니다.**

1. 30분 / 친구를 기다렸습니다.

   ➡ ______________________________.

2. 삼 일 / 아팠습니다.

   ➡ ______________________________.

3. 네 달 / 피아노를 배웠습니다.

   ➡ ______________________________.

4. 2년 / 미국에 있었습니다.

   ➡ ______________________________.

5. 1년 / 한국말을 공부했습니다.

   ➡ ______________________________.

Ⅱ. 다음 달력을 보고 **보기** 와 같이 쓰십시오.

1 월						
일	월	화	수	목	금	토
		1 서울 도착	2 한국어 수업 (1/2~1/22)	3 태권도 수업 (1/3~1/16)	4	5
6	7	8	9	10	11 한국 노래 수업 (2시~4시)	12
13	14 한국 요리 수업	15 한국 요리 수업	16 한국 요리 수업	17	18	19
20	21	22	23	24 오늘	25 ←	26 제주도 여행
27 →	28 →	29	30 고향에 가는 날	31		

보기
가: 제임스는 얼마 동안 한국에 있습니까?
나: 제임스는 한 달 동안 한국에 있습니다.

1. 가: 얼마 동안 한국어를 공부했어요?
   나: ________________________________.
2. 가: 얼마 동안 한국 요리를 배웠어요?
   나: ________________________________.
3. 가: 몇 시간 동안 한국 노래를 배웠어요?
   나: ________________________________.
4. 가: 몇 주 동안 태권도를 배웠습니까?
   나: ________________________________.
5. 가: 며칠 동안 여행을 가겠습니까?
   나: ________________________________.

2. 못

Ⅰ. **보기** 와 같이 대화를 완성하십시오.

> **보기** 가: 유리 씨, 김치를 만들 수 있어요?
> 나: 아니요, 못 만들어요.

1. 가: 영주 씨, 농구를 할 수 있어요?
   나: 아니요, ______________________________.
2. 가: 아침을 왜 못 먹었어요?
   나: 늦게 일어나서 ______________________________.
3. 가: 슈테판 씨, 한국에서 여행을 많이 했어요?
   나: 아니요, 시간이 없어서 ______________________________.
4. 가: 샤오밍 씨, 왜 안 먹어요?
   나: ______________________________.
5. 가: 왜 숙제를 하지 못했어요?
   나: ______________________________.

Ⅱ. **보기** 와 같이 쓰십시오.

영　주:　마이클 씨는 한국 음식을 좋아하세요?

마이클:　네, 한국 음식이 좋아서 매일 먹어요.

하지만 매운 음식은 **보기** **못 먹어요.**

영　주:　한국 음식을 만들 수 있어요?

마이클:　아니요, 1. ________________________.

영　주:　맥주를 좋아하세요?

마이클:　네, 좋아하지만 많이 2. ________________________.

영　주:　맥주를 자주 마셔요?

마이클:　아니요, 요즘은 바빠서 자주 3. ________________________.

영　주:　보통 주말에 뭘 하세요?

마이클:　일본어도 배우고 태권도도 배워요.

영　주:　일본어를 잘 해요?

마이클:　아니요, 4. ________________________.

영　주:　태권도를 잘 해요?

마이클:　아니요, 5. ________________________.

부록

1. 번역
2. 문법 활용연습
▸ 3. 듣기 지문
4. 모범 답안
5. 색인

3. 듣기 지문

제1과 저는 회사원입니다.

과제 2 CD 01-3,4,5

1.

샤오밍: 처음 뵙겠습니다. 샤오밍입니다.
유 리: 안녕하세요? 저는 유리입니다.
샤오밍: 중국 사람입니까?
유 리: 아니요, 일본 사람입니다.

2.

리 에: 샤오밍 씨는 무슨 일을 합니까?
샤오밍: 회사원입니다. 리에 씨는 무슨 일을 합니까?
리 에: 저는 선생님입니다.
샤오밍: 무엇을 가르칩니까?
리 에: 일본어를 가르칩니다.

3.

마이클: 미선 씨는 무슨 일을 합니까?
미 선: 저는 의사입니다. 마이클 씨는 무슨 일을 합니까?
마이클: 저는 연세대학교에 다닙니다.
미 선: 무엇을 공부합니까?
마이클: 한국말을 공부합니다.

제2과 집에서 학교까지 얼마나 걸려요?

과제 2 CD 02-3,4

1.

리 에: 마이클 씨 집은 어디예요?
마이클: 저는 서울역 근처에 살아요. 리에 씨는요?
리 에: 저는 강남에 살아요.
마이클: 학교에 어떻게 옵니까?
리 에: 지하철로 와요. 마이클 씨는 어떻게 와요?
마이클: 저는 버스로 옵니다.

2.

마리아: 슈테판 씨, 지금 어디에 가요?
슈테판: 회사에 갑니다. 마리아 씨는 어디에 갑니까?
마리아: 저는 기숙사에 가요.
슈테판: 기숙사에 어떻게 갑니까?
마리아: 지하철로 가요.

슈테판: 기숙사까지 얼마나 걸립니까?
마리아: 15분쯤 걸려요. 슈테판 씨는 회사에 어떻게 가요?
슈테판: 저는 버스로 갑니다. 버스로 20분 걸립니다.

제3과 저기 백화점 앞에서 세워 주세요.

과제 3

CD 03-3,4

1.

기 사: 어서 오십시오. 어디로 가세요?
여 자: 시청으로 갑시다. 얼마나 걸립니까?
기 사: 30분쯤 걸립니다.
...
기 사: 어디에서 내리세요?
여 자: 지하철역 앞에서 세워 주세요.
기 사: 5,500원입니다. 안녕히 가세요.

2.

기 사: 어서 오십시오. 어디로 가세요?
여 자: 압구정동 현대 아파트로 갑시다. 여기에서 멀어요?
기 사: 40분쯤 걸립니다.
...
기 사: 손님, 어디에서 내립니까?
여 자: 저기 슈퍼마켓 앞에서 세워 주세요. 얼마입니까?
기 사: 10,000원입니다. 안녕히 가세요.

제4과 비가 오고 바람도 불어요.

과제 3

CD 04-3,4

1.

마이클: 유리 씨, 요즘 고향 날씨가 어때요?
유 리: 눈이 많이 와요.
마이클: 한국보다 추워요?
유 리: 한국보다 춥지 않아요. 마이클 씨 고향 날씨는 어때요?
마이클: 제 고향은 따뜻해요.

2.

샤오밍: 영주 씨, 서울 날씨는 어때요?

영　주: 흐리고 바람이 불어요. 제주도는 어때요?
샤오밍: 제주도는 날씨가 아주 좋아요.
영　주: 덥지 않아요?
샤오밍: 네, 어제보다 덥지 않아요.

제5과 맵지만 맛있어요.

과제 3

CD 05-3,4

1.

영　주: 슈테판 씨, 독일은 무슨 음식이 유명해요?
슈테판: 소시지가 유명해요.
영　주: 맛이 어때요?
슈테판: 조금 짜지만 맛있어요.
영　주: 서울에 독일 식당이 있어요?
슈테판: 네, 학교 근처에 있어요. 같이 갈까요?
영　주: 좋아요.

2.

제 고향은 일본 후쿠오카입니다.
바다 근처에 있어서 생선이 많습니다.
그래서 생선 초밥이 유명합니다.
비싸지만 아주 맛있습니다.
저는 한국에서도 생선 초밥을 먹고 싶습니다.

제6과 여기에서 드시겠어요?

과제 3

CD 06-3,4

1.

직　원: 어서 오세요. 몇 분이세요?
손　님: 두 명입니다.
직　원: 여기에 앉으세요. 뭘 드시겠어요?
손　님: 불고기 2인분 주세요.
직　원: 음료수도 드시겠어요?
손　님: 네, 사이다 두 병 주세요.

2.

마이클: 유리 씨, 무엇을 드시겠어요?
유　리: 저는 커피를 마시겠습니다.

마이클: 케이크도 먹을까요? 여기 케이크가 맛있어요.
유 리: 그래요? 무슨 케이크가 맛있어요?
마이클: 이 가게는 치즈 케이크가 유명해요.
유 리: 그럼 치즈 케이크를 먹읍시다.
마이클: 여기요, 치즈 케이크하고 커피 두 잔 주세요.

제7과 이따가 같이 사러 갑시다.

과제 3

CD 07-3,4

1.
영 주: 슈테판 씨, 지금 어디에 가요?
슈테판: 유리 씨 생일 선물을 사러 백화점에 가요.
영 주: 유리 씨 생일이 언제예요?
슈테판: 토요일이에요. 영주 씨도 파티에 오십시오.
영 주: 좋아요. 그럼 저는 뭘 준비할까요?
슈테판: 케이크를 가지고 오세요.

2.
유 리: 슈테판 씨, 어서 오세요.
슈테판: 유리 씨! 생일을 축하해요!
유 리: 감사합니다.
슈테판: 이거 선물이에요. 받으세요.
유 리: 정말 고마워요. 이게 뭐예요?
슈테판: 책하고 한국 노래 CD예요.
유 리: 저는 한국 노래를 아주 좋아해요. 고맙습니다.

제8과 저는 일주일에 두 번쯤 수영을 해요.

과제 3

CD 08-3,4

1.
샤오밍: 마이클 씨, 미국 사람들은 무슨 운동을 좋아해요?
마이클: 야구를 좋아해요.
중국 사람들은 무슨 운동을 좋아해요?
샤오밍: 중국 사람들은 탁구를 좋아해요.
마이클: 샤오밍 씨도 탁구를 좋아해요?
샤오밍: 네, 저도 좋아해요.
일주일에 두 번쯤 친구와 같이 탁구를 쳐요.

2.

유　리: 슈테판 씨, 요즘 무슨 운동을 하세요?
슈테판: 요즘 태권도를 배워요.
유　리: 태권도가 재미있어요?
슈테판: 조금 힘들지만 재미있어요. 유리 씨는 무슨 운동을 하세요?
유　리: 저는 테니스를 쳐요.
슈테판: 일주일에 몇 번 쳐요?
유　리: 저는 일주일에 세 번쯤 테니스를 쳐요.

제9과 숙제도 하고 음악도 들었어요.

과제 2

CD 09-3,4

1.

영　주: 샤오밍 씨, 어제 왜 학교에 안 왔어요?
샤오밍: 일이 있어서 회사에 갔어요.
영　주: 그래요? 요즘 많이 바빠요?
샤오밍: 네, 일이 많아서 10시까지 일해요.
영　주: 오늘도 회사에 가요?
샤오밍: 네, 수업이 끝나고 회사에 가요.

2.

유　리: 마이클 씨, 주말에 뭘 했어요?
마이클: 저는 피곤해서 잠을 많이 잤어요. 유리 씨는요?
유　리: 저는 일요일 아침에 운동을 하고 도서관에 갔어요.
마이클: 도서관에서 무엇을 했어요?
유　리: 숙제를 했어요.
마이클: 그럼 이번 주말에는 무엇을 하겠어요?
유　리: 친구들을 만나겠어요. 토요일에 친구 생일 파티가 있어요.

제10과 이것보다 긴 바지는 없어요?

과제 3

CD 10-3,4

1.

주　인: 어서 오세요.
손　님: 여자 구두 좀 보여 주세요.
주　인: 여기 있습니다. 사이즈는요?
손　님: 235예요.
(잠시 후)

이건 조금 큽니다. 이것보다 작은 것은 없어요?
주 인: 죄송합니다, 손님. 같은 구두는 없어요.
손 님: 네, 다음에 다시 오겠습니다.

2.

손 님: 여기 남자 가방도 있어요?
주 인: 네, 있어요. 구경하세요.
손 님: 이 가방보다 조금 더 큰 것은 없어요?
주 인: 있습니다. 잠깐만 기다리세요.
이 가방은 어때요?
손 님: 색깔은 마음에 들지만 조금 무거워요.
주 인: 저 가방은 어때요?
손 님: 가벼워서 좋습니다. 얼마예요?
주 인: 칠만 원이지만 세일을 해서 오만 원입니다.

제11과 동생에게 줄 지갑을 샀어요.

과제 3

CD 11-3,4

1.

영 주: 슈테판 씨는 보통 어디에서 쇼핑해요?
슈테판: 저는 이태원에 자주 가요.
어제도 옷을 사러 이태원에 갔어요.
영 주: 이태원이 어때요?
슈테판: 큰 옷이 많아서 좋아요.
영 주: 마음에 드는 옷을 샀어요?
슈테판: 네, 이게 어제 산 바지예요.

2.

마이클: 영주 씨, 오늘 오후에 같이 백화점에 갈까요?
영 주: 좋아요. 뭘 사러 가요?
마이클: 여자 친구에게 선물할 목걸이를 사고 싶어요. 영주 씨는요?
영 주: 저는 동생에게 줄 화장품을 사겠어요.
마이클: 그럼 몇 시에 만날까요?
영 주: 수업이 끝나고 1시에 만나요. 어디에서 볼까요?
마이클: 학교 앞에 있는 커피숍에서 만납시다.

제12과 친구를 만나서 무엇을 했어요?

과제 2 CD 12-3,4

1.

영 주: 마이클 씨, 지난 주말에 뭐 했어요?
마이클: 반 친구들과 같이 콘서트를 보러 갔어요.
영 주: 콘서트가 어땠어요?
마이클: 정말 재미있었어요. 제가 좋아하는 가수가 나와서 아주 좋았어요.
영 주: 콘서트를 보고 무엇을 했어요?
마이클: 술집에 가서 친구들과 맥주를 마셨어요.

2.

영 주: 샤오밍 씨, 지난 주말에 무엇을 했어요?
샤오밍: 지난주에 일이 많아서 일만 했어요.
영 주: 이번 주말에는 뭐 해요?
샤오밍: 다음 주에 시험이 있어요.
그래서 반 친구들을 만나서 시험공부를 하겠어요.
영 주: 어디에서 공부해요?
샤오밍: 도서관에 가서 공부해요. 도서관이 조용해서 좋아요.

제13과 볼링장은 너무 머니까 가지 맙시다.

과제 3 CD 13-3,4

1.

유 리: 샤오밍 씨, 다음 주에 한국어 수업이 끝납니다.
우리 선생님과 같이 식사를 할까요?
샤오밍: 좋아요. 어디에서 식사를 할까요?
유 리: 가까우니까 학교 앞에 있는 서울식당에 가요.
샤오밍: 그 식당은 맛이 없으니까 가지 맙시다.
유 리: 그럼 그 식당 옆에 있는 연세식당이 어때요? 크고 좋아요.
샤오밍: 저도 알아요.
아주머니도 친절하고 음식도 아주 맛있어요.

2.

슈테판: 어제 친구와 같이 찜질방에 갔어요.
마이클: 찜질방이 어때요?
슈테판: 크고 깨끗해요.
마이클: 저도 가고 싶어요.
이번 주말에 같이 갈까요?

슈테판: 좋아요. 그럼 토요일 오후 6시에 만납시다.
마이클: 저녁은 어디에서 먹을까요?
슈테판: 찜질방 안에 식당이 있으니까 거기에서 먹읍시다.
그리고 찜질방에서 옷하고 수건도 주니까 준비하지 마세요.
마이클: 네, 그럼 토요일에 만나요.

제14과 지금 통화할 수 있어요?

과제 3

CD 14-3,4,5

1.

남 자: 여보세요, 연세대학교 한국어학당이지요?
여 자: 아닙니다.
남 자: 거기 2123-3465 아니에요?
여 자: 2123-3365입니다. 잘못 거셨습니다.
남 자: 죄송합니다.

2.

샤오밍: 여보세요, 연세대학교 한국어학당이지요?
직 원: 네, 그렇습니다.
샤오밍: 저는 2급 4반 샤오밍입니다.
김미선 선생님 전화번호를 알 수 있어요?
직 원: 무슨 일이에요?
샤오밍: 내일 부모님이 한국에 오셔서 학교에 갈 수 없어요.
직 원: 네, 잠시만 기다리세요. 선생님 전화번호는 010-2049-5867입니다.

3.

리 에: 여보세요, 114지요?
114 : 네, 맞습니다.
무엇을 도와 드릴까요?
리 에: 서울백화점 전화번호를 알 수 있어요?
114 : 어디에 있는 서울백화점이요?
리 에: 신촌에 있는 서울백화점 전화번호를 알고 싶어요.
114 : 02-3145-2233입니다.

리 에: 여보세요? 서울백화점이지요?
안내원: 네, 그렇습니다.
리 에: 백화점이 몇 시에 문을 열어요?
안내원: 오전 열 시 삼십 분에 문을 열고 저녁 여덟 시에 닫습니다.
리 에: 고맙습니다.

제15과 3주 동안 정말 즐거웠습니다.

과제 2

CD 15-3,4

1.

영 주: 마이클 씨, 한국에 얼마 동안 있었어요?
마이클: 3주 동안 있었어요.
영 주: 한국 생활이 어땠어요?
마이클: 조금 힘들었지만 재미있는 일도 많았어요.
영 주: 무엇이 제일 재미있었어요?
마이클: 반 모임이 제일 재미있었어요.
영 주: 반 모임을 자주 했어요?
마이클: 아니요, 친구들이 바빠서 자주 못 했어요.

2.

유 리: 샤오밍 씨, 언제 한국에 왔어요?
샤오밍: 10월에 왔어요. 한 달 동안 한국에 있었어요.
유 리: 한국에서 무엇을 했어요?
샤오밍: 한국말을 공부하고 한국 요리도 배웠어요.
유 리: 한국말을 잘 해요?
샤오밍: 3주 동안 배웠지만 아직 잘 못해요.
유 리: 한국말을 계속 공부하시겠어요?
샤오밍: 네, 고향에 가서 한국말을 계속 공부하겠어요.
유 리: 열심히 공부하세요. 그리고 자주 연락하세요.
샤오밍: 네, 알겠습니다.

부록

1. 번역
2. 문법 활용연습
3. 듣기 지문
▸ 4. 모범 답안
5. 색인

4. 모범 답안

〈본문〉

제1과

어휘

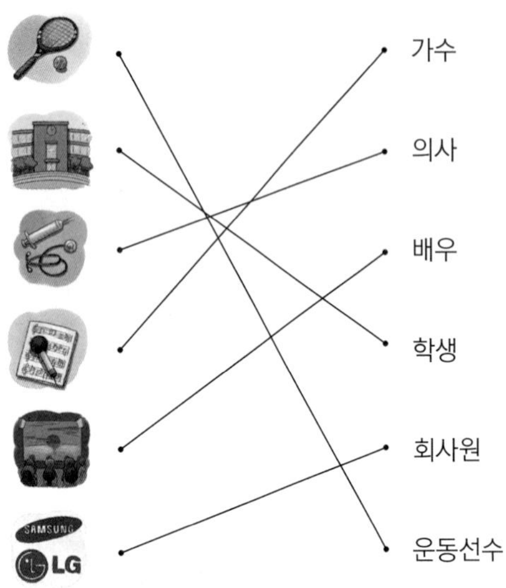

문법 1

1) 의자입니다. 2) 사전입니다.
3) 책입니다. 4) 연필입니다.
5) 가방입니다.

문법 2

1) 슈테판 씨는 아이스크림을 삽니다.
2) 샤오밍 씨는 잡니다.
3) 영주 씨는 커피를 마십니다.
4) 미이클 씨는 친구를 만납니다.
5) 민수 씨는 빵을 먹습니다.

과제 1

생략

과제 2

1. 1) ○ 2) ○
2. 1) ○ 2) X
3. 1) ❸ 2) 한국말
4. 생략

과제 3

1. 1) ❹
2) ❶ X ❷ ○ ❸ X
2. 생략

제2과

어휘

1) 비행기를 탑니다. 2) 버스를 탑니다.
3) 택시를 탑니다. 4) 배를 탑니다.
5) 기차를 탑니다.

문법 1

1) 한국말로 2) 일본말로
3) 버스로 4) 일본으로
5) 비행기로

문법 2

1) 서울에서 인천까지 버스로 1시간 30분 걸려요.
2) 서울에서 춘천까지 지하철로 1시간 걸려요.
3) 서울에서 강릉까지 자동차로 3시간 걸려요.
4) 서울에서 광주까지 기차로 3시간 30분 걸려요.
5) 서울에서 제주도까지 비행기로 45분 걸려요.

과제 1

생략

과제 2

1.

	마이클	리에
1. 어디에 살아요?	서울역 근처	강남
2. 어떻게 학교에 와요?	버스로	지하철로

2. 1) 회사에 갑니다. 2) ❶

3) 기숙사에 갑니다. 4) ❸

3. 생략

과제 3

1. 1) ❶ 버스 정류장 ❷ 서울역
❸ 버스로 ❹ 공항철도로
❺ 10분 ❻ 1시간
2) ❶ X ❷ X ❸ ○

2. 생략

제3과

어휘

1) 집 앞에 자전거가 있습니다.
2) 의자 아래에 가방이 있습니다.
3) 식당 옆에 은행이 있습니다.
4) 가방 안에 지갑이 있습니다.
5) 마이클 씨 뒤에 샤오밍 씨가 있습니다.

문법 1

1) 도서관에 갑시다./책을 읽읍시다.
2) 극장에 갑시다./영화를 봅시다.
3) 식당에 갑시다./밥을 먹읍시다.
4) 공원에 갑시다./자전거를 탑시다.
5) 백화점에 갑시다./옷을 삽시다.

문법 2

1) 앉아 주십시오. 2) 가르쳐 주십시오.
3) 써 주십시오. 4) 읽어 주십시오.
5) 8시까지 와 주십시오.

과제 1

생략

과제 2

1. 1) 침대하고 책상하고 옷장
2) ❶
3) ❶ ○ ❷ X ❸ ○

2. 생략

과제 3

1. 1) 이 사람은 시청에 갑니다.
2) 이 사람은 지하철역 앞에서 내립니다.
3) 택시비는 5.500원입니다.
4) 30분쯤 걸립니다.

2. 1) X 2) X 3) ○

제4과

어휘

1) 비가 와요. 2) 맑아요.
3) 흐려요. 4) 바람이 불어요.

문법 1

1) 식당이 크고 깨끗합니다.
2) 음식이 맛있고 값이 쌉니다.
3) 음식이 많지 않고 값이 비쌉니다.
4) 음식이 맛없고 값이 비쌉니다.

문법 2

1) 베트남 날씨가 한국 날씨보다 덥습니다.
2) 미국이 한국보다 큽니다.
3) 독일 맥주가 한국 맥주보다 맛있습니다.
4) 중국이 한국보다 사람이 많습니다.
5) 러시아 날씨가 한국 날씨보다 춥습니다.

과제 1

생략

과제 2

1. 1) 봄: 따뜻합니다.
여름: 덥고 비가 많이 옵니다.

가을: 맑고 좋습니다.
겨울: 춥습니다. 바람이 불고 눈이 많이 옵니다.
2) ❶ ○ ❷ X

2. 생략

과제 3

1. 1) ○ 2) X
2. 1) ❸, ❹ 2) ❸
3. 생략

제5과

어휘

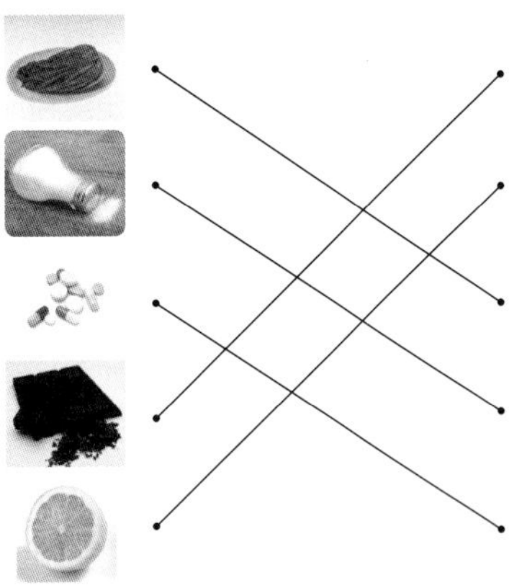

달다
시다
맵다
짜다
쓰다

문법 1

1) 기숙사가 깨끗해서 좋습니다.
2) 선생님이 친절해서 좋습니다.
3) 친구들이 재미있어서 좋습니다.
4) 음식이 맛있어서 좋습니다.
5) 값이 싸서 좋습니다.

문법 2

1) 유리 씨는 2급이지만 한국말을 잘합니다.
2) 기숙사가 크지 않지만 깨끗합니다.
3) 한국 음식이 맵지만 맛있습니다.
4) 가방이 좋지만 비쌉니다.
5) 택시가 빠르지만 비쌉니다.

과제 1

생략

과제 2

1. 1) 비빔밥과 냉면
2) ❶ X ❷ ○ ❸ X
❹ ○
2. 생략

과제 3

1. 1) X 2) ○ 3) X
2. 1) 일본 사람 2) ❹
3. 생략

제6과

어휘

1) 드십니다. 2) 계십니다.
3) 마십니다. 4) 말씀하십니다.
5) 주무십니다.

문법 1

1) 방에서 주무십니다. 2) 회사에 가십니다.
3) 공부를 합니다. 4) 아침을 드십니다.
5) 텔레비전을 봅니다.

문법 2

1) 저는 아르바이트를 하겠습니다.
2) 저는 영화를 보겠습니다.
3) 저는 친구를 만나겠습니다.
4) 저는 운동을 하겠습니다.
5) 저는 공부를 하겠습니다.

과제 1

생략

과제 2

1. 1) ❷
   2) ❶ X ❷ X
   3) 11,500원 (만 천 오백 원)
2. 생략

과제 3

1. 1) ❸
   2) 불고기 2인분, 사이다 2병
2. 1) ❸
   2) ❶ X ❷ ○
3. 생략

제7과

어휘

1) 파티 2) 케이크 3) 꽃
4) 선물 5) 카드

문법 1

1) 봄에 가십시오.
2) 생선 초밥을 드십시오.
3) 산에 가십시오.
4) 꽃을 구경하십시오.
5) 녹차를 드십시오.

문법 2

1) 옷을 사러 백화점에 갑니다.
2) 밥을 먹으러 식당에 갑니다.
3) CD를 사러 가게에 갑니다.
4) 커피를 마시러 커피숍에 갑니다.
5) 버스를 타러 정류장에 갑니다.

과제 1

생략

과제 2

1. 1) ❶ ○ ❷ ○ ❸ X
   2) ❸
2. 생략

과제 3

1. 1) ❹
   2) 토요일입니다.
2. 1) ❶ X ❷ ○
   2) 책하고 한국 노래 CD
3. 생략

제8과

어휘

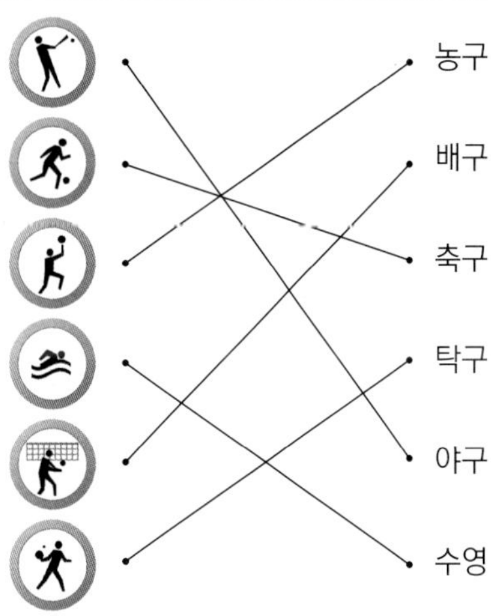

문법 1

1) 운동하고 저녁을 먹어요.
2) 저녁을 먹고 차를 마셔요.
3) 차를 마시고 텔레비전을 봐요.
4) 텔레비전을 보고 신문을 읽어요.
5) 신문을 읽고 자요.

문법 2

1) 마이클 씨는 일주일에 두 번쯤 시장에 갑니다.
2) 마이클 씨는 일주일에 네 번쯤 여자 친구를 만납니다.

3) 마이클 씨는 한 달에 한 번쯤 친구와 술을 마십니다.
4) 마이클 씨는 한 달에 두 번쯤 영화를 봅니다.
5) 마이클 씨는 일주일에 두 번쯤 자전거를 탑니다.

과제 1

생략

과제 2

1. 1)

	나	마이클
무슨 운동을 합니까?	달리기	축구
언제 운동을 합니까?	아침에 운동을 합니다.	수업이 끝나고 축구를 합니다.
얼마나 자주 운동을 합니까?	날마다	일주일에 두번쯤

2) ❶ ○ ❷ ○ ❸ X

2. 생략

과제 3

1. 1) ○ 2) X 3) X
2. 1) 태권도
2) ❸
3) ❶ X ❷ ○
3. 생략

제9과

어휘

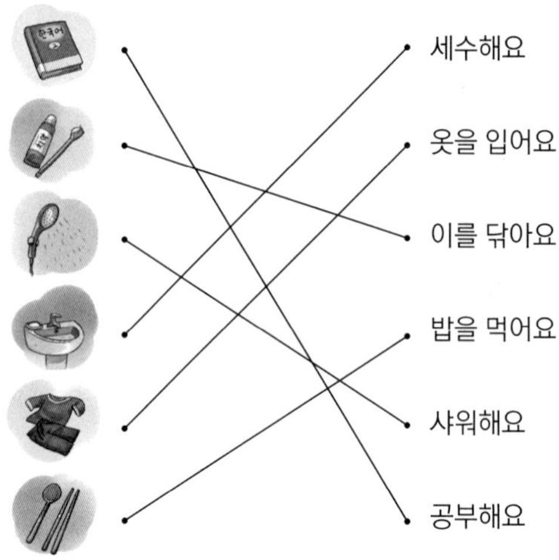

문법 1

1) 저는 화요일에 공원에서 운동을 했습니다.
2) 저는 수요일에 백화점에서 생일 선물을 샀습니다.
3) 저는 목요일에 친구와 영화를 봤습니다.
4) 저는 금요일에 친구들과 저녁을 먹었습니다.
5) 저는 토요일에 도서관에서 공부를 했습니다.

문법 2

1) 리에는 한국 사람에게 길을 물었습니다.
2) 리에는 커피숍에서 음악을 들었습니다.
3) 리에는 옷 가게에서 옷값을 물었습니다.
4) 리에는 택시에 쇼핑 가방을 실었습니다.
5) 리에는 많이 걸어서 힘들었습니다.

과제 1

생략

과제 2

1. 1) 일이 있어서 회사에 갔습니다.
2) ❶ ○ ❷ X ❸ X
2. 1) ❸

2) ❶ ○ ❷ X ❸ X

3. 생략

과제 3

1. 1) ❶ 저녁을 먹고 청계천에 갔습니다.

   2) ❶ X ❷ X ❸ X

2. 생략

제10과

어휘

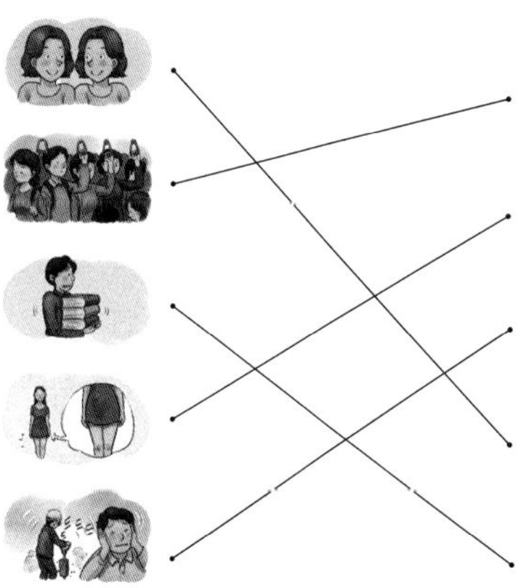

많다

짧다

시끄럽다

같다

무겁다

문법 1

1) 친절한 사람이 좋아요.
2) 예쁜 사람이 좋아요.
3) 재미있는 사람이 좋아요.
4) 머리가 좋은 사람이 좋아요.
5) 돈이 많은 사람이 좋아요.

문법 2

1) 삽니다. 2) 멉니다.
3) 마음에 듭니다. 4) 만듭니다.
5) 단

과제 1

생략

과제 2

1. 1) ❶

   2) ❷

   3) ❶ X ❷ ○ ❸ X

2. 생략

과제 3

1. 1) ❶ ○ ❷ X ❸ X

   2) 백화점 10층에서 줍니다.

2. 1) ❷

   2) 구두가 커서 사지 않았습니다.

3. 1) X 2) ○ 3) X

제11과

어휘

1) 빨간색 꽃 2) 노란색 티셔츠
3) 파란색 바지 4) 까만색 구두
5) 하얀색 모자

문법 1

1) 빨간 2) 노란 3) 그래요?
4) 까만 5) 어때요?

문법 2

1) 버스를 기다리는 사람이 리에 씨예요.
2) 택시를 타는 사람이 샤오밍 씨예요.
3) 음악을 듣는 사람이 제니 씨예요.
4) 물을 마시는 사람이 유리 씨예요.
5) 시계를 보는 사람이 슈테판 씨예요.

과제 1

생략

과제 2

1. 1) 가게, 사람

2) ❶ X ❷ ○ ❸ X

3) ❹

2. 생략

과제 3

1. 1) ○ 2) X 3) ○

2. 1) ❶ ○ ❷ X ❸ X

2) ❶

3. 생략

제12과

어휘

1) 쇼핑을 하고 2) 영화를 보러

3) 등산을 가겠습니다. 4) 여행을 하고

문법 1

사서 / 써서 / 먹고 / 보고 / 가서 / 와서

문법 2

1) 학생만 살아요. 2) 여자만 있어요.

3) 저녁만 줍니다. 4) 9시까지만 줘요.

5) 침대와 책상만 있어요.

과제 1

생략

과제 2

1. 1) ❸ 2) 정말 재미있었습니다. 3) ❷

2. 1) X 2) X 3) ○

3. 생략

과제 3

1. 1) 비행기로 1시간 걸렸습니다.

2) ❶ X ❷ ○

3) ❸

2. 생략

제13과

어휘

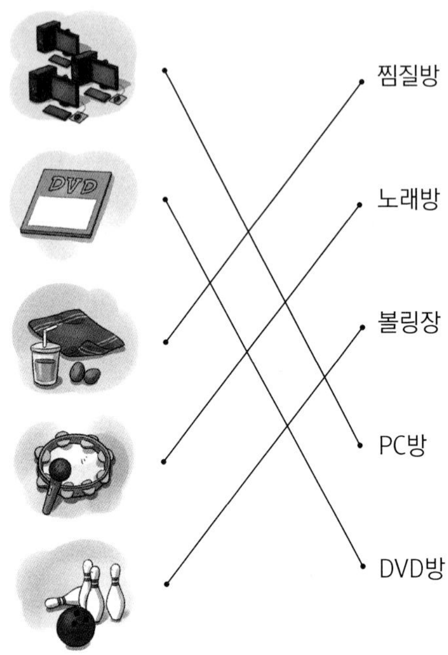

문법 1

1) 세일을 하니까 스마트폰을 사세요.

2) 작으니까 태블릿 PC를 사세요.

3) 가벼우니까 태블릿 PC를 사세요.

4) 디자인이 예쁘니까 컴퓨터를 사세요.

5) 빠르니까 컴퓨터를 사세요.

문법 2

1) 교실에서 일본어를 말하지 마세요.

2) 수업 시간에 빵을 먹지 마세요.

3) 수업 시간에 친구와 이야기하지 마세요.

4) 수업 시간에 자지 마세요.

5) 수업 시간에 전화하지 마세요.

과제 1

생략

과제 2

1. 1) ❶ ○ ❷ ○ ❸ X
   2) ❸
   3) 식당 → 노래방 → 커피숍
2. 생략

과제 3

1. 1) ❶ X ❷ X ❸ ○
2. 1) 크고 깨끗합니다.
   2) ❶ ○ ❷ X ❸ ○
3. 생략

제14과

어휘

1) 잘못 걸었습니다.
2) 통화 중이었습니다.
3) 전화를 받았습니다.
4) 통화했습니다.

문법 1

1) 유리 씨는 일본 사람이지요?
2) 유리 씨는 대학생이지요?
3) 유리 씨 전공은 한국어지요?
4) 유리 씨는 기숙사에 살지요?
5) 유리 씨는 한국 영화를 좋아하지요?

문법 2

1) 저는 된장찌개를 만들 수 없어요.
2) 저는 한국 노래를 할 수 있어요.
3) 저는 한국 노래를 할 수 없어요.
4) 저는 수영을 할 수 있어요.
5) 저는 탁구를 칠 수 없어요.

과제 1

생략

과제 2

1. 1) ❶ X ❷ ○ ❸ X
   2) ❹
   3) 죄송합니다. 저는 외국 사람입니다.
2. 생략

과제 3

1. 1) 2123-3465
2. 1) ❶ X ❷ X
   2) 010-2049-5867
3. 1) ○ 2) ○ 3) X
4. 생략

제15과

어휘

1) 즐거워요. 2) 화가 났어요.
3) 기뻤어요. 4) 슬퍼요.

문법 1

1) 1년 동안 노래를 준비했습니다.
2) 여섯 달 동안 가수 생활을 했습니다.
3) 한 달 동안 미국 여행을 했습니다.
4) 두 달 동안 콘서트를 했습니다.
5) 1년 동안 영화배우를 했습니다.

문법 2

1) 마이클 씨는 노래를 못 불러요.
2) 마이클 씨는 맥주를 못 마셔요.
3) 마이클 씨는 한국말을 잘 못해요.
4) 마이클 씨는 축구를 못해요.
5) 마이클 씨는 피아노를 못 쳐요.

과제 1

생략

과제 2

1. 1) 3주 동안 한국에 있었습니다.
   2) ❶ ○ ❷ X
2. 1) ❶
   2) ❶ X ❷ ○
3. 생략

과제 3

1. 1) ❷
   2) ❶ X ❷ X ❸ ○
2. 생략

〈문법 활용연습〉

제1과

〈-입니다 -입니까?〉

1. 1) 저는 김영주입니다.
   2) 제 친구입니다.
   3) 이것이 책입니다.
   4) 학생입니까?
   5) 이 사람이 누구입니까?
2. 1) 한국 사람입니다.
   1) 선생님이 아닙니다. 학생입니다.
   3) 회사원입니까?
   4) 가방이 아닙니다. 지갑입니다.
   5) 책상입니까?

〈-습니다/ㅂ니다 -습니까?/ㅂ니까?〉

1. 1) 백화점에 사람이 많습니다.
   2) 학생들이 교실에 있습니다.
   3) 고향에 가고 싶습니다.
   4) 한국말이 재미있습니까?
   5) 한국 음식을 좋아합니까?
2. 1) 한국 음식이 맛있습니다.
   2) 깨끗하지 않습니다. 더럽습니다.
   3) 한국말을 배웁니다.
   4) 친구를 만나고 싶습니다.
   5) 어디에 갑니까?

제2과

〈으로/로〉

1. 1) 고향으로 가요. 2) 연필로 씁니다.
   3) 볼펜으로 써요. 4) 버스로 학교에 와요.
   5) 한국말로 이야기하세요.
2. 1) 지하철로 가요. 2) 비행기로 가요.
   3) 볼펜으로 씁니다. 4) 강남으로 갑니다.
   5) 한국말로 이야기해요.

〈에서 ~까지〉

1. 1) 강남에서 신촌까지 얼마나 걸립니까?
2) 명동에서 서울역까지 얼마나 걸립니까?
3) 학교에서 회사까지 얼마나 걸려요?
4) 서울에서 부산까지 얼마나 걸려요?
5) 서울에서 뉴욕까지 얼마나 걸려요?

2. 1) 기차로 2시간 걸려요.
2) 서울에서 제주도까지 얼마나 걸립니까?
3) 비행기로 12시간 걸려요.
4) 서울에서 강릉까지 얼마나 걸립니까?
5) 가: 부산에서 후쿠오카까지 얼마나 걸려요?
나: 배로 3시간 걸려요.

제3과

〈-읍시다/ㅂ시다〉

1. 1) 점심을 먹읍시다.
2) 내일 도서관에서 만납시다.
3) 주말에 운동을 합시다.
4) 택시를 탑시다.
5) 커피를 마십시다.

2. 1) 백화점에 갑시다.
2) 영화를 봅시다.
3) 불고기를 먹읍시다.
4) 공원에 갑시다.
5) 토요일에 만납시다.

〈-어/아/여 주다〉

1. 1) 명동으로 가 주세요.
2) 백화점 앞에서 세워 주세요.
3) 사이다를 사 주세요.
4) 여기에서 기다려 주세요.
5) 일본어를 가르쳐 주세요.

2. 1) 앉아 주세요.
2) 기다려 주세요.
3) 써 주세요.
4) 학교 앞에서 세워 주세요.
5) 밥을 사 주세요.

제4과

〈-고[1]〉

1. 1) 제 방이 크고 깨끗합니다.
2) 음식이 비싸고 맛없습니다.
3) 영주 씨가 예쁘고 친절합니다.
4) 마이클 씨는 미국 사람이고 리에 씨는 일본 사람입니다.
5) 이 분은 의사이고 저 분은 선생님입니다.

2. 1) 바람이 불고 비가 옵니다.
2) 한국 친구가 재미있고 친절합니다.
3) 물건이 많고 값이 쌉니다.
4) 우리 교실이 깨끗하고 좋습니다.
5) 한국말 공부가 쉽고 재미있습니다.

〈보다〉

1. 1) 제 방이 교실보다 커요.
2) 불고기보다 삼겹살을 좋아해요.
3) 시장보다 백화점이 비싸요.
4) 한국 친구보다 일본 친구가 많아요.
5) 하숙집보다 기숙사가 좋아요.

2. 1) 말하기가 쓰기보다 어려워요.
2) 고향이 한국보다 추워요.
3) 영화가 책보다 재미있어요.
4) 불고기가 삼겹살 보다 맛있어요.
5) 마이클 씨가 유리 씨보다 한국말을 잘해요.

제5과

〈-어서/아서/여서[1]〉

1. 1) 친구 생일이어서 선물을 삽니다.
2) 집에서 학교까지 가까워서 걸어서 옵니다.
3) 돈이 없어서 아르바이트를 합니다.
4) 음식이 맛있어서 그 식당에 갑니다.
5) 영화가 재미있어서 극장에 사람이 많습니다.

2. 1) 물건이 많고 값이 싸서 자주 가요.
2) 비싸서 안 사요.

3) 매워서 안 먹어요.
4) 시간이 없어서 택시를 타요.
5) 노래를 잘 해서 좋아해요.

〈-지만〉

1. 1) 이 책은 어렵지만 재미있습니다.
2) 지하철은 빠르지만 사람이 많습니다.
3) 갈비가 비싸지만 맛있습니다.
4) 이 신발이 예쁘지만 비쌉니다.
5) 내 방은 크지 않지만 좋습니다.

2. 1) 크지만 깨끗하지 않습니다.
2) 맵지만 맛있습니다.
3) 빠르지만 비싸요.
4) 어렵지만 재미있어요.
5) 물건이 좋지만 값이 비싸요.

제6과

〈-으시/시-〉

1. 1) 빵을 드십니다. 2) 말씀하십니다.
3) 텔레비전을 보십니다. 4) 방에서 주무십니다.
5) 책을 읽으십니다.

2. 1) 어머니께서 이야기를 하십니다.
2) 이 선생님께서 컴퓨터를 가르치십니다.
3) 어머니께서 커피를 드십니다.
4) 아버지께서 방에 계십니다.
5) 저는 지금 비빔밥을 먹습니다.

〈-겠-〉

1. 1) 내일 오겠습니다.
2) 제가 읽겠습니다.
3) 부모님과 인사동에 가겠습니다.
4) 아침 7시에 일어나겠습니다.
5) 컴퓨터 게임을 하지 않겠습니다.

2. 1) 제주도에 가겠습니다.
2) 백화점 앞에서 내리겠습니다.
3) 사과를 사겠습니다.
4) 친구를 만나겠습니다.
5) 5시에 가겠습니다.

제7과

〈-을까요?/ㄹ까요? -으십시오/십시오〉

1. 1) 음료수를 준비하십시오.
2) 커피숍에서 기다리십시오.
3) 7시에 오십시오.
4) 숙제를 하십시오.
5) 어디에서 살까요?

2. 1) 백화점에서 사십시오. 2) 커피를 주십시오.
3) 음료수를 준비하십시오. 4) 두 시에 오십시오.
5) 책을 읽을까요?

〈-으러/러〉

1. 1) 공부를 하러 도서관에 갑니다.
2) 영화를 보러 극장에 갑니다.
3) 공책을 사러 문구점에 갑니다.
4) 친구를 만나러 커피숍에 갑니다.
5) 책을 사러 서점에 갑니다.

2. 1) 한국말을 배우러 2) 점심을 먹으러
3) 차를 마시러 4) 숙제를 하러
5) 음료수를 사러

제8과

〈-고²〉

1. 1) 아침을 먹고 학교에 갑니다.
2) 숙제를 하고 컨퓨터를 합니다.
3) 영화를 보고 커피를 마십니다.
4) 아르바이트를 하고 집에 갑니다.
5) 저녁을 먹고 산책합니다.

2. 1) 점심을 먹고 산책하겠습니다.
2) 아르바이트를 하고 친구를 만나겠습니다.
3) 저녁을 먹고 텔레비전을 보겠습니다.
4) 청소를 하고 한국어 공부를 하겠습니다.
5) 쇼핑을 하고 저녁을 먹읍시다.

〈에 ~쯤〉

1. 1) 일주일에 두 번쯤 고향 음식을 먹어요.
2) 일주일에 한 번쯤 축구를 해요.
3) 일주일에 세 번쯤 여자 친구를 만나요.
4) 한 달에 두 번쯤 시장에 가요.
5) 두 달에 한 번쯤 영화를 봐요.

2. 1) 일주일에 두 번쯤 운동을 해요.
2) 일주일에 한 번쯤 술을 마셔요.
3) 일주일에 세 번쯤 친구를 만나요.
4) 한 달에 두 번쯤 쇼핑해요.
5) 하루에 한 시간쯤 컴퓨터를 해요.

제9과

〈-었습니다/았습니다/였습니다〉

1.

-았습니다		-었습니다		-였습니다	
앉다	앉았습니다	먹다	먹었습니다	공부하다	공부했습니다
살다	살았습니다	멀다	멀었습니다	숙제하다	숙제했습니다
많다	많았습니다	만들다	만들었습니다	좋아하다	좋아했습니다
좋다	좋았습니다	재미있다	재미있었습니다	운동하다	운동했습니다
가다	갔습니다	배우다	배웠습니다	구경하다	구경했습니다
아프다	아팠습니다	예쁘다	예뻤습니다	깨끗하다	깨끗했습니다
오다	왔습니다	마시다	마셨습니다	친절하다	친절했습니다
보다	봤습니다	주다	주었습니다, 줬습니다	조용하다	조용했습니다

2. 1) 바지와 가방을 샀어요.
2) 11시에 잤어요.
3) 명동에 갔어요.
4) 수업이 끝나고 친구와 영화를 봤어요.
5) 재미있었어요.

〈ㄷ 동사〉

1.

	-습니다/ㅂ니다	-어요/아요/여요	-어서/아서/여서	-었어요/았어요/였어요	-을까요?/ㄹ까요?
걷다	걷습니다	걸어요	걸어서	걸었어요	걸을까요?
듣다	듣습니다	들어요	들어서	들었어요	들을까요?
묻다	묻습니다	물어요	물어서	물었어요	물을까요?
싣다	싣습니다	실어요	실어서	실었어요	실을까요?
받다	받습니다	받아요	받아서	받았어요	받을까요?
닫다	닫습니다	닫아요	닫아서	닫았어요	닫을까요?

2. 1) 걸어서
2) 들었어요.
3) 물었어요.
4) 실을까요?
5) 받았어요.

제10과

〈-은/ㄴ〉

1. 1) 좋은 책을 읽으세요.
2) 예쁜 꽃이 많습니다.
3) 추운 날씨를 싫어합니다.
4) 머리가 긴 사람이 제 친구예요.
5) 가고 싶은 나라가 어디예요?

2. 1) 매운 음식을 좋아해요.
2) 큰 집에서 살고 싶어요.
3) 재미있는 영화를 좋아해요.
4) 작은 가방이 좋아요.
5) 예쁜 차를 사고 싶어요.

〈ㄹ 동사〉

1.

	-습니다/ㅂ니다	-으십시오/십시오	-읍시다/ㅂ시다
알다	압니다	아십시오	압시다
살다	삽니다	사십시오	삽시다
만들다	만듭니다	만드십시오	만듭시다
멀다	멉니다		
길다	깁니다		

2. 1) 멉니다.
2) 갈비를 만듭시다.
3) 깁니다.
4) 기숙사에서 삽니다.
5) 마음에 듭니다.

제11과

〈ㅎ 동사〉

1.

	-어요/아요/여요	-어서/아서/여서	-은/ㄴ
빨갛다	빨개요	빨개서	파란
파랗다	파래요	파래서	파란
노랗다	노래요	노래서	노란
하얗다	하얘요	하얘서	하얀
까맣다	까매요	까매서	까만
어떻다	어때요	어때서	어떤
그렇다	그래요	그래서	그런

2. 1) 파란색을 좋아해요.
   2) 노란색 가방을 샀어요.
   3) 하얀색 바지를 입었어요.
   4) 까만색 구두가 있어요.
   5) 한국 생활이 어때요?

〈-는, -은/ㄴ, -을/ㄹ〉

1. 1) 김치를 좋아하는 외국인이 많습니다.
   2) 지금 읽는 책이 교과서입니다.
   3) 어제 만난 사람이 제 고향 친구입니다.
   4) 이것은 어제 산 시계입니다.
   5) 동생에게 줄 선물을 사겠습니다.
2. 1) 어제 **만든** 음식이 맛있었습니다. (○)
   어제 **만들** 음식이 맛있었습니다. ( )
   2) 치마를 **입은** 사람이 누구예요? (○)
   치마를 **입는** 사람이 누구예요? ( )
   3) 내일 우리가 **본** 영화가 무엇입니까? ( )
   내일 우리가 **볼** 영화가 무엇입니까? (○)
   4) 지금 **읽은** 책은 한국 소설책입니다. ( )
   지금 **읽는** 책은 한국 소설책입니다. (○)
   5) 명동에 **있는** 옷 가게에 갔어요. (○)
   명동에 **있은** 옷 가게에 갔어요. ( )

제12과

〈-어서/아서/여서[2]〉

1. 1) 나는 도서관에 가서 공부를 합니다.
   2) 카드를 써서 친구에게 주었습니다.
   3) 차를 빌려서 시내를 구경했습니다.
   4) 친구를 만나서 영화를 봤습니다.
   5) 김밥을 만들어서 친구들과 같이 먹었습니다.

2. 1) 따뜻한 옷을 **입고** 오세요. (O)
   따뜻한 옷을 **입어서** 오세요.. ( )
   2) 아침에 **일어나고** 운동을 했습니다. ( )
   아침에 **일어나서** 운동을 했습니다. (O)
   3) 점심을 **먹고** 도서관에 가겠습니다. (O)
   점심을 **먹어서** 도서관에 가겠습니다. ( )
   4) 친구에게 생일 카드를 **쓰고** 주었어요.. ( )
   친구에게 생일 카드를 **써서** 주었어요. (O)
   5) 버스를 **타고** 학교에 갑니다. (O)
   버스를 **타서** 학교에 갑니다. ( )

〈만〉

1. 1) 저는 한식만 먹어요.
   2) 저는 한국 친구만 있어요.
   3) 저는 수영만 해요.
   4) 저는 맥주만 마셔요.
   5) 저는 녹차만 마셔요.
2. 1) 과일만 먹었어요. 2) 전화만 해요.
   3) 커피만 주세요. 4) 구경만 했어요.
   5) 축구만 좋아해요.

제13과

〈-으니까/니까〉

1. 1) 유리 씨는 음악을 좋아하니까 CD를 살까요?
   2) 다리가 아프니까 잠깐 쉽시다.
   3) 비가 오니까 우산을 준비하세요.
   4) 백화점은 비싸니까 시장에 가요.

5) 배가 고프니까 식당에 갑시다.

2. 1) 시간이 있으니까 여행을 갑시다.
   2) 오늘은 약속이 있으니까 내일 영화를 봅시다.
   3) 시간이 없으니까 택시를 탑시다.
   4) 유리 씨는 꽃을 좋아하니까 꽃을 사세요.
   5) 비싸니까 다른 식당에 갑시다.

〈-지 말다〉

1. 1) 공원에 사람이 많으니까 가지 맙시다.
   2) 가방이 비싸니까 사지 마세요.
   3) 영화가 재미없으니까 보지 마세요.
   4) 술은 건강에 나쁘니까 드시지 마세요.
   5) 날씨가 추우니까 밖에 나가지 맙시다.
2. 1) 비싸니까 사지 마세요.
   2) 비가 오니까 나가지 맙시다.
   3) 주말에 사람이 많으니까 가지 맙시다.
   4) 시간이 없으니까 가지 맙시다.
   5) 머니까 지하철을 탑시다.

제14과

〈-지요?〉

1. 1) 제니 씨는 영국 사람이지요?
   2) 영수 씨는 야구를 좋아하지요?
   3) 내일 시험이 있지요? 4) 꽃이 예쁘지요?
   5) 어제 종로에 갔지요?

2. 1) 시험이 어려웠지요? 2) 날씨가 덥지요?
   3) 가방이 비싸지요?
   4) 리에 씨가 노래를 잘 하지요?
   5) 교통이 복잡하지요?

〈-을/ㄹ 수 있다〉

1. 1) 김밥을 만들 수 있어요.
   2) 한국어 책을 읽을 수 있어요.
   3) 수영을 할 수 없어요.
   4) 한국말로 전화할 수 없어요.
   5) 맥주를 마실 수 없어요.

2. 1) 같이 점심을 먹을 수 없어요. /
   같이 점심을 먹을 수 없어요?
   고향에서 부모님이 오셔서 같이 점심을 먹을 수 없어요.
   2) 갈 수 없어요. / 갈 수 없어요?
   회사에 일이 많아서 갈 수 없어요.
   3) 같이 탁구를 칠 수 없어요. /
   같이 탁구를 칠 수 없어요?
   시험이 있어서 같이 탁구를 칠 수 없어요.
   4) 여행을 갈 수 없어요. / 여행을 갈 수 없어요?
   방학에 아르바이트를 해서 여행을 갈 수 없어요.
   5) 내일 저녁에 만날 수 없어요. / 만날 수 없어요?
   내일이 동생 생일이어서 내일 저녁에 만날 수 없어요.

제15과

〈동안〉

1. 1) 30분 동안 친구를 기다렸습니다.
   2) 삼 일 동안 아팠습니다.
   3) 네 달 동안 피아노를 배웠습니다.
   4) 2년 동안 미국에 있었습니다.
   5) 1년 동안 한국말을 공부했습니다.
2. 1) 3주 동안 한국어를 공부했어요.
   2) 3일 동안 한국 요리를 배웠어요.
   3) 2시간 동안 한국 노래를 배웠어요.
   4) 2주 동안 태권도를 배웠습니다.
   5) 4일 동안 여행을 가겠습니다.

〈못〉

1. 1) 농구를 못해요.
   2) 아침을 못 먹었어요.
   3) 여행을 많이 못했어요.
   4) 배가 아파서 못 먹겠어요.
   5) 일이 많아서 숙제를 못했어요.
2. 1) 못 만들어요. 2) 못 마셔요.
   3) 못 마셔요. 4) 일본어를 잘 못해요.
   5) 태권도를 잘 못해요.

부록

1. 번역
2. 문법 활용연습
3. 듣기 지문
4. 모범 답안
▸ 5. 색인

5. 색인

〈문법 색인〉

〈어휘 색인〉

3주완성

연세 한국어 2 부록

08710
9 788968 500381
ISBN 978-89-6850-038-1
ISBN 978-89-6850-036-7 (세트)

http://press.yonsei.ac.kr